LOCUS

LOCUS

LOCUS

LOCUS

Smile, please

smile 37 家有賤夫
(Strength, Thy Name Is Woman)
作者：張孟起
插畫：妮娜
責任編輯：韓秀玫
美術編輯：謝富智
法律顧問：全理法律事務所董安丹律師
出版者：大塊文化出版股份有限公司
台北市105南京東路四段25號11樓
www.locuspublishing.com
讀者服務專線：0800-006689
TEL：(02) 87123898　FAX：(02) 87123897
郵撥帳號：18955675　戶名：大塊文化出版股份有限公司
e-mail:locus@locuspublishing.com
行政院新聞局局版北市業字第706號

總經銷：北城圖書有限公司　地址：台北縣三重市大智路139號
TEL：(02) 29818089 (代表號)　FAX：(02) 29883028　29813049
製版：源耕印刷事業有限公司
初版一刷：2001年 4 月
定價：新台幣 180 元
ISBN 957-0316-65-9
Printed in Taiwan

國家圖書館出版品預行編目資料

家有賤夫＝Strength, Thy Name Is Woman /
張孟起作. — 初版-- 臺北市：大塊文化，2001 [民 90]
面：　公分. (smile ; 37)

ISBN 957-0316-65-9 (平裝)

1. 夫妻　2. 兩性關係

544.142　　90004993

Strength, Thy Name Is Woman

家有賤夫

張孟起◎著

目錄

〈家中女王　序〉

不要輕易交出持家管事大權

劉　璞

最近在報章讀到一則有趣的報導，有一位女士在結婚十三年後，向法院訴請離婚，理由是：她的先生霸佔所有的家事，包括煮飯燒菜、清潔打掃和購買日常家居生活所需等，讓她無法做個普通的家庭主婦，而這對於她簡直是酷刑。

她向法官指出，在長達十多年的婚姻生活中，她只有一次被允許單獨上街購買生活用品，事成回家，先生仔細檢查了她所購買的物品後，做了三項批評，來證明她不適任。

第一，她花了四分錢買了一個家中已經具有的購物袋；第二，她所購買的麵粉牌子比平日家中所常用的要貴五分錢；第三，她選錯日子去屠宰店，因此所購買的肉品，品質不夠好。

她所提出的實證，讓法官很傷腦筋，因為她老公對她所做的三項指證完全正確、無懈可擊，最後法官判決她訴請離婚失敗。法官評斷，這位搶著做所有家事的先生的作為，儘管令人惱怒，而且不夠圓融，但是並不至於殘酷；法官並且告訴該女士，她的先生已有悔意，因為他已經寫信表示，只要她肯回家，他一定與她一起分享做家事。

這是一九六九年三月二十八日刊登在加拿大〈新聞與觀察者〉（News &

Observer）上的眞實故事，最近在溫哥華太陽報（The Vancouver Sun）被重新刊出。我閱讀之後感慨良多，因爲我也有一個霸佔著做所有家事的老公，雖然他的行爲不足以使我氣到要鬧離婚，但是也常讓我很不高興，偶爾還會因此吵架。

並不是每一個能幹又愛做家事的老公背後，都有一個快樂滿足的太太，尤其是這位女士也很勤快。

許多人看我的先生很會做家事，並且以此爲榮爲傲，就推想我一定是一個好吃懶做、笨拙可笑、跋扈霸道的母夜叉。這對於我而言，不但是天大的冤枉，而且更是奇恥大辱！因爲我的老公勤做家事，完全是出於自願，既不是我的催逼或我偷懶、無能所致，更重要的是，我自己本身對家事也很在行，不但手腳伶俐，而且聰明能幹。

熟識我們夫妻的朋友，大約都會贊成以上我對自己的形容。

不幸的是，有些人對我們的家庭了解不夠，有些人又死抱著傳統的男性大沙文主義不放，所以看到我老公在家不停地做家事，十分不以爲然，更有甚者還嗤之以鼻；更糟糕的是，有些人就把矛頭指向我，他們認爲我們家是牝雞司晨，而我老公則欠缺男子氣概，大大損傷男人的顏面。

我的一位表親待人很和善，個性又直爽，對我家也頗多照顧，可惜他深信「君子遠庖廚」的古老教條，常讓我受不了。他偶爾來我家做客，在享受了我老公下廚招待他的豐盛大餐後，總是會感慨地說，不論如何，男人做家事總是大材小用，尤其更不要進廚房，這些都是女人家分內的事。說完之後，還要意味深長地瞪我一下，只差沒數落我。

我們的另外一個朋友則表示，來我家作客壓力很大。

他表示，男人偶爾下廚是無可厚非。一向有男性優越感的他，還不時強調，世界上一流的廚師都是男性，所以大丈夫有時也該下廚露一手給人瞧瞧，但是吃完飯後的餐盤收拾及清潔工作，純屬枝微末節、雕蟲小技，大丈夫不爲也！

他坦承，在我家最受不了的是，我老公在用餐完畢，就立刻捲起袖子清理善後，害他當場坐立難安；更糟糕的是，他的老婆看了就要有樣學樣，回家之後，要他見賢思齊，如果他不肯學習及改善，就會被老婆嘮叨個沒完沒了。

他沒事還會揶揄我，都是我把老公管教得太嚴，才會造就他如此主動勤快做家事。他甚至說，他老婆每次來我家作客回去，就會跟他吵架，這些都是我的錯，而我的老公則不該太寵我，把自古以來男人居家應該高高在上的良好傳統都破壞了。

這些指責都還不打緊，畢竟我與老公都是自視甚高，不太在乎別人看法的人。

眞正讓我感到討厭的事，是由於我並不是一個對家事無能或偷懶的女人，相反地，我還挺喜歡做家事的，而且也做了很多家事，並樂在其中。可是在今日兩性還不是眞正平等的社會中，男人會持家一事，比較容易受到矚目，因此所有光環就被他搶去；除此之外，他又很會自我宣傳，所以當發現他得意忘形地霸著做所有家事，而又津津樂道地大事炫耀時，就會深深覺得自己身爲女人應享有的快樂被剝奪了。

尤其當自己因爲工作壓力身心俱疲，或是升遷遭受挫折時，而老公還在那裡高呼「家庭主夫樂無窮」的口號時，我的不平與自怨自憐之心就會悄悄燃起，覺得自己命好苦，對於那些不必出外在險惡的職場上打拚奮鬥，只需留在家裡的家庭主婦，更是心嚮往之！

不只是因爲工作受挫時，會讓我興起不如歸去的感慨，覺得能待在家裡，做做家事、爲家人效勞，比起在外面受人家的氣，是一種莫大的福分；就算是平日工作愉快、升遷順利，回到家裡，我也會忍不住要動手做做家事，燒菜、洗碗、洗衣、清潔、打掃等，也會讓人感到心情輕鬆愉快。

或許喜好做家事原本就是女人的良知良能，在每個女人的血液裏，都潛藏著愛做家事的因子，不論她的事業野心有多麼強大、不論她在職場上的表現如何叱吒風雲、不論她如何喜歡在外頭拋頭露面！

在我所認識的許多女強人當中，就有很多人以做家事爲一種紓解身心的方法。她們在辦公室辛苦忙碌一天之後，回到家裡，照樣爲家人準備晚飯，清潔屋子，把家裡內外整理得井井有條；一遇到假日，則在家從早到晚擦擦洗洗，把家裡打掃得煥然一新。

我有一位好朋友，她是一家美商公司駐台主管亞洲地區業務的負責人，位高權重，工作繁忙自不在話下，雖然她也有一位超級好老公，擅長家務，且對她體貼入微，但是很多家事她仍然喜歡自己親自動手。她有一個特別的癖好，就是每逢假日，一定要用大量的漂白粉，把家裡所有的衣服、毛巾、被單、床單等清洗漂白一番，地板也要清潔打蠟，洗刷得一塵不染；我母親有一位多年的手帕交，也是工作女強人，她曾經在我娘家小住，在那段期間，她只要一得空就把我娘家上上下下打掃一陣，甚至把所有炒菜煮湯的鍋子洗刷得光可鑑人；像她這樣閒不住的女人在夫家我也遇到一位，這一位也是女性高級主管，平日不苟言笑，很受部屬敬重，她在我夫家作客時，把浴室及馬桶洗刷得潔白如新，連我夫家的佣人看了都自嘆弗如。

大多數的女性都喜歡烹飪，這似乎也是女人天生的本能。

有一些調查統計顯示，工作表現卓越的職業女性，往往也是廚藝高手。的確，我所結交的一些女性上班族當中，愈是在工作表現上認眞負責、幹練精明者，其燒菜的本領愈是高強。從前在女人還不能自由在外工作的時代，就有很多婦女以高明的烹調技術做爲籠絡家人、丈夫，甚至社交應酬的手段，這種天生一雙巧手的婦女，在今日社會中，就算忙著發展她們的事業之際，其烹飪的天分也不會輕易被埋沒的。

我有一位好友說，烹調之於女人，就如同吃飯睡覺那麼容易。她閒暇時最大的嗜好，就是燒一桌子的好菜，招待親朋好友，她一個人在廚房裏忙進忙出的，還不准別人插手呢！

我不認爲這些女性是強逼性工作狂或是有潔癖、擅權等心理毛病，因爲她們是用很愉悅的心情在做她們愛做的事。這與一般常常抱怨家事做不完的職業婦女不同，後者多半是因爲得不到丈夫的支持與協助，被迫必須內外兼顧。在我所認識的已婚女性當中，有一半以上是屬於這類型婦女，她們常向我透露，她們並不排斥做家事，只是因爲平時上班已經夠辛苦了，回到家根本沒有力氣再做事；不幸的是，她們的老公可不這麼想，而認爲照料家務是女人的本分，即使她們有份不錯的工作，對家裡財務貢獻也不輸丈夫，甚至還超越先生，可是當她們回到家裡，就得乖乖地善盡女人的天職。

在兩性平權觀念還方興未艾，這種處在傳統與現代的夾縫中求生存的婦女是最可憐不過了！

所幸，我的先生不是一個大男人主義者，他極其喜愛做家事。

然而正因爲如此，我們也會有一些紛爭，起因就是我們兩人搶著做家事，而對做家事的想法又不一樣。

例如燒菜，光是對一道菜的料理，我們就有很多不同意見，一個說要清蒸，一個說要紅燒；一個要用大火熱炒，一個要用小火慢燉。他有時會得寸進尺，嫌我在他旁邊太吵，乾脆轟我出廚房；我則提醒他，他根本是「越俎代庖」，忘了廚房是女人在家中最重要的堡壘，我沒趕他出廚房就不錯了。

諸如此類的事還眞不少！

所謂業精於勤，荒於嬉，由於他做家事的時日多，手法也日趨嫻熟，因此就愈有自己的主張，舉凡煮飯燒菜、煮水泡茶、清潔打掃、吸塵洗地、洗車打蠟、摺被鋪床、修剪花木、收拾零碎等等，他都有一定的方法，而且方法建立之後，不准他人任意更動；不但如此，他還有一番大道理，當我有不同想法時，常常說不過他的大道理，而搞得很生氣，尤其我因爲每日忙著外面的工作，對家事就力不從心，當我心血來潮，想要自己動手做點家事時，卻常觸犯他所建立的一些持家規範，就更加爲之氣結！

而我的這種苦處還很難向外人投訴，因爲大部分的人都知道我有個擅長家務的好老公，他們羨慕我都來不及了，那裡聽得進我的埋怨呢？

遇到這種情況，我的老公還會說，我是生在福中不知福，像他這種新好男人那裡找？

他還提醒我，時至今日，那種「飯來張口，茶來伸手」的老公仍然多如過江之鯽，他們在家作威作福的行爲也不會受到什麼輿論的批判，相反地，如果女人不肯承擔家務，不論她在事業上的成就有多高，還時常會被人們說閒話；此外，有多少女人，既得上班，回家還得做所有的家事，她們儘管心有怨言，還不是在默默承受，如果她們一定要鬧革命，最後多半以悲劇收場。

我老公的這番警告，不是危言聳聽。

我的一位藝術家好友夫婦在多年前仳離，就是因爲他們夫妻兩人都是一心投入創作，而不肯分擔家務，最後鬧得不歡而散。

想想也對，如果不是老公的支持與鼓勵，我也不能無後顧之憂地在事業上做衝刺；而且，每當我工作忙碌一天回到家時，看到家裡井然有序，同時還有熱騰騰的好茶、美味可口的飯菜可以享用，就覺得自己還蠻幸福的，連偷懶找藉口的理由都不必，比起一些上完一天班，回家還要做家事的職業婦女要好太多了。

雖然我也常會想辭職不幹，在家做個單純的家庭主婦，但是當我的老公表示如此將太埋沒我的才華時，我的虛榮心與企圖心立刻就被點燃，第二天又充滿鬥志地出門打拼了。

不過，當看到我的老公寫書，自詡做家庭夫樂趣無窮，又是「清風明月來伴獨」，又是「不是閒人閒不得」時，眞是百味雜陳。

這才發現他平日說我才能不凡，必須出外上班，才不至於被埋沒等語，都是在灌迷湯。原來他一個人在家如此輕鬆愉快，怪不得要想盡辦法哄我去上班。

唉！誰叫我事業心太重，又容易被他的甜言蜜語所騙，才會落得家事大權爲他所奪。到頭來，他還謙稱自己是「賤夫」呢，所有的功勞、苦勞都被他給搶佔了，外人不是同情他，就是誇讚他，而我卻變成裡外都不討好，眞是不公平！

奉勸天下女性，如果妳也有這種老公，當他也勸妳去上班，盡情發揮才華，家事全不要操心時，妳最好要注意了，千萬不要高興過頭，輕易就把咱們女人天生持家的本能給拱手讓位。否則，日後當妳的另一半建立起他的規範，而妳的本領漸漸瞠乎其後，直到妳對家裡大大小小的事都插不上手時，恐怕就要後悔莫及了。因爲妳不但再也無法享受管家持事的樂趣，而且還得不到外人的諒解；最糟的是，就算妳氣憤得要求去，妳的處境可能就會像那位自嘆身受酷刑的女士一樣，連法官大人都站在她先生的立場，而妳，可眞要無語問蒼天了。

壹

家庭主夫心理建設篇

一：頂天立地一賤夫

張孟起，男，四十歲，國立中興大學法律系畢業，職業為家庭管理。俗稱男傭，雅稱男性專業家庭管理師，自稱賤夫。

太太也戲稱我為賤夫，對外人且以家有賤夫而洋洋自得。家有賤夫如有一寶，我就是家中的寶。

孔子說：「吾少也賤，故多能鄙事。」。我買菜、燒飯、洗衣、帶孩等鄙事樣樣行，孔子是「少也賤」，我是長大了才「犯賤」，與孔子是五十步與百步之差。

這就是我，一個快樂而神聖的家庭主夫。我愛我的職業，也愛我的家人。更重要的是，我還愛我自己。

家庭主夫樂無窮

法律並沒有規定男主外、女主內是兩性家庭分工的唯一選項。男主外、女主內與男主內、女主外一樣是合法的。女人可以當「賤內」，男人當然可以當「賤夫」，反正又不是「奸夫」。我是學法律的，只要是合法的事，就沒有理由不試一試。

雖然我也曾誤入歧途的就業過十年，就業時也樂在工作，表現既不超前也不落後，還曾經同時擁有一份本職，兩份兼職，不論成就感與待遇皆不惡。但是這絕比不上當家庭主夫那種一滴水都不摻的純然快樂。

只有自己當上家庭主夫，才能體會當家庭主夫的樂趣——眞是職場誤我十年也，難怪那麼多的家庭主婦卡位卡得那麼緊，寧可先生在外面做怪，也要拚命把他往外趕（打稿至此，太太腰酸要我爲她按摩，那還不都是因爲工作壓力大，辦公室坐久了，氣血不流通，拖一回地板準沒事）。眞奇怪還有那麼多的傻瓜男人，明明在職場上撞得滿頭包，回到家還要驕其妻子（或許回家前已經在外頭驕過妾了）。

就業中的男性同胞們：請不要再自欺欺人了，你們現在的職業，與我以前的職業是差不多的，都是以勞力、時間換取金錢，不論身居要津還是日理萬機，都只是龐大資本主義機器上可以被替代的小小螺絲釘。

連總統都可以換人做看看，何況你的位子。你不做，社會差不到那裡去，或許還更好。所謂的社會參與感、成就感是很虛無的，這一切遠不及太太、子女的微笑。

遠庖廚者非君子

許多人讀書不求甚解，以「君子遠庖廚」做爲男人不可進廚房，甚至不可做家事的理由。其實孔子說這話的本意，旨在期勉要成就仁民愛物的君子，不宜接近難免會殺生的廚房。這是因爲春秋時代沒有超級市場出售冷凍肉類、海產，且孔子對於人的定力也缺乏信心，因爲會殺生的人未必會殺人，會殺人的人也未必殺過生。

我的職場十年生涯中，接觸過不少遠庖廚，但一點也不君子的男人。甚至可以說男人愈遠庖廚，愈不君子。

幸好我太太沒爭著要當家庭主婦，其實當初她也不太甘願放棄主內的權力，但是因爲我如此稱職，所以她只好讓賢。而我，如果沒當上家庭主夫，又怎麼能體會相妻、教子、買菜、洗衣、灑掃，以及最重要的居家樂趣呢？

二：漸漸賤

相信不止男性同胞，包括女性同胞，都可能視我以上所言爲異端邪說，並且懷疑我是否在台灣出生長大？是否受過九年國民義務教育？是否讀過小學課本「爸爸在家看報紙、媽媽在家洗衣服」之類爲性別定位的教材？是否爲雙性戀？

我和一些政治人物完全一樣，是「吃台灣米、喝台灣水」長大，讀的是國立編譯館主編的教課書，我父母也是傳統的男主外、女主內，我也只愛女生不愛男生。

給我一個兩性不平等的理由

我之所以能「極樂意」當家庭主夫，是因爲我是兩性平等主義的奉行者。我讀書雖多不求甚解，但對於自己選擇奉行的主義，可都是以鑽牛角尖的心態，反覆尋思，務求周衍。對於社會上通行的觀念，都會先仔細檢視，在證明其合理性、必然性後，才接納奉行。

在我的觀念中，人類有兩種，也只有兩種，就是男性與女性。既然男性與女性都是人類，這兩者之間就不應該有任何不平等的理由。

平等的兩性之間，自然不應該存在主從、主僕的關係。所以在我的觀念裡「三從四德」、「男主外，女主內」、「君子遠庖廚」、「婦人之見」、「丈夫有淚不輕彈」等等傳統思想的必然性、合理性是站不住腳的。

既然奉行兩性平等主義，我當然認爲男性與女性都應該盡同等的義務、享同等的權利、擁有同等的機會。如果說「主內」是義務，那爲何一定只有女性有義務要盡。如果說「主外」是權利，那又爲何權利非得由男性獨佔。更何況對一些男性來說，「主外」是逃不掉的義務。對一些女性來說，「主內」是抱緊不放的權利。所以說我認爲不論「主內」或「主外」，都是男性或是女性的權利與義務。不論「主內」或「主外」，都沒有高低、貴賤之分，都大不了你也小不了我。

當然，奉行兩性平等主義並不等於就非得選擇成爲家庭主夫，我之所以選擇成爲家庭主夫也是漸進式的。首先，我從小就喜歡過家庭生活，這或許是由於先父生性儉樸，每逢年節卻會大肆採購應景貨品，一家人吃喝熱鬧一番，使我總認為一家人過年節才有趣。雖然年節的吃喝與對家庭生活的嚮往看似風馬牛不相及，但當我仔細回想我對家庭生活的喜愛從何而來時，想到的都是小時家裡年節的情景。

另一方面，家母雖是家庭主婦，對家事卻十分外行，且無心學習，所以從小就常見父親下廚自力救濟，絲毫不覺得男人下廚房有什麼不自然。長大點，我也自己動手，弄點自己愛吃而家母燒不出來的菜。由於生性嗜吃貪喝，自己下廚的頻率就隨著年齡而增加。

這種成長背景，使我幾乎是抱著結婚的目的而追女孩子、談戀愛。我對只談戀愛而不想結婚的男女抱的心思，實在不太了解。如果雙方不相愛，那到底是戀「愛」，還是戀「性」？如果雙方相愛，那何不結婚，一輩子愛個夠？

喪權辱國 漸成賤夫

直到結婚時，我也只具備了可能成為家庭主夫所需要條件的三成，奉行兩性平等、喜歡家庭生活、不排斥做家事，距離專職家庭主夫還遠著。婚後慢慢發現，自己不單是喜歡過家庭生活，而且當職業上的工作與家庭生活發生衝突時，我很自然的會犧牲部份的工作來配合家庭生活。

這並不是說我對工作不投入或是沒興趣，而是我對工作上的凸出表現（正常表現是不能落人後的）和職位上的升遷看得比較淡。之所以能如此，是因為我總不缺乏過度的自信心與自我肯定，內在肯定已經滿而溢了，就不需要外在肯定。

我爲了不願太晚下班回家只能見到家人的睡容，曾經放棄一份待遇與發展皆佳的工作，轉而選擇一份以當時我的資歷能力，看似屈就的工作。我也曾爲了不願錯過兒子成長的每個片段，在他三年幼稚園中，捨校車而親自接送，忍受奔波於塞車的台北街頭，尋尋覓覓停車位的辛苦。

同時，我又感覺到太太的工作能力與對工作的認眞執著，遠遠在我之上，欣賞她的工作成就，分享她的工作心得，是我生活中重要的樂趣來源。進而支持、協助、配合她的工作，又成爲我的另一項樂趣來源。

當她工作忙碌時，我爲她所負擔的家務做補位的工作，也父代母職的以更多的時間陪兒子。我們兩人就像默契良好的球員，生活中的每一個球都不會漏接。只是我愈來愈習慣接內野球，而她接外野球的頻率也愈來愈高。

豐子愷說：「人世間最偉大的力量，莫過於『漸』。青春少女『漸漸』的變成白髮婆婆，雄心壯志的青年『漸漸』的變成圓滑固執的老頭，富家子『漸漸』淪爲乞丐。如果昨日爲富家子今日突然成爲乞丐、昨日爲美少女今日突然成爲老太婆，必然都無法承受而尋短見，但因其『漸漸』轉變，也就習焉不察，不覺其苦了」。

我之所以成爲快樂的家庭主夫，甚至是神聖的家有賤夫，也是拜「漸」之賜。

大清帝國經歷無數次的割地賠款後，淪爲次殖民地，我也是經歷無數次的自願「喪權辱國」，才由主外的「大丈夫」淪爲主內的「賤夫」，只不過每一次的「喪權辱國」，都換得太太的歡顏，兒子的笑語，與我自己衷心的喜悅。

三：一人在家感覺真好

當太太上班、小孩上學後，賤夫我一天中最愉快的時段來臨了。

如果你是家庭主夫，卻無法享受家中只有你一隻靈長類動物的時光，我只能說你實在是病得不輕，病到非要有別人的喧囂、干擾，才能活下去。如果你是家庭主夫，卻不懂得如何安排一人在家的時間與心情，那我只能說太可惜了。身爲家庭主夫，最愉快的事莫過於一人獨處，莫過於完全自主安排獨處的時間與心情。

慢中生閒情

這時候，不要再喝「三合一」或是即溶咖啡了，找出塵封已久的咖啡壺，不論是濾泡式或是虹吸式，爲自己煮一杯像樣的咖啡。喝茶也行，別碰茶包，現在時間多，當然要喝功夫茶。記住，不論是煮咖啡或是泡茶，道具愈多、程序愈複雜、動作愈慢愈好。

剛當家庭主夫的人，要靠緩慢的肢體動作，爲習慣快速運轉的心情減速，如此才能導引出寧靜的心情。只有寧靜的心，才能品味出一個人在家的美好感覺。

我是把茶當正餐，咖啡當點心的人，正餐自然是一日三頓。對茶依賴雖深，我卻不買一斤一千元以上的茶，一則省錢，二則喝茶對我而言，重點在「喝」的過程，而不在茶。茶只是工具不是目的，只是用來和緩心情的工具，我是爲達目的不擇工具。

還有，這時候千萬別看電視，特別是電視新聞，來點音樂吧。這可能是你數年來第一次在汽車與KTV之外，聽到音樂。請用音響，電視出來的音樂是不夠沈澱的，那配不上此刻該有的心情。

這會兒可以找本書來看，最好不要看報紙、雜誌，家庭主夫最需要的是知識、智慧，而不是資訊。找本邊看需要邊想，可以想得天馬行空的書最好。

如何？美不美？告訴我你已經多久沒這麼對得起自己了？趕快享受吧，一會兒就要開始做家事了。

其實我之前也受不了一個人在家的寂寞和無聊。那時剛結婚，我上的是朝九晚五的班，太太卻是下午到晚上十一點的班，回到家已將近十二點。一方面是新婚燕爾，二方面是兒子還沒出生來攪和，三方面是不了解距離是創造美感的必要條件，認爲既然兩情相悅就必需朝朝暮暮。所以對太太的工作時間諸多抱怨。好在太太擇善固執，堅持不退讓，才給予我學習「樂獨」、「愼獨」的機會。

清風明月來伴獨

我個性隨和，不論擇善或是擇惡都不固執，又信奉「打不贏他就加入他」的哲學，既然太太不肯改變工作時間，我就調整我的作息。

於是，我每天五點半下班到家，先整理房間（太太下午出門上班前難免需要試穿多套衣服，等到穿好，已經沒有時間將衣服掛回衣櫃，床鋪就更不用說了），若是在夏天，我還會多做一道澆花的工作。七點前吃完晚飯上床睡覺一小時以養精蓄銳。八時開始過自己的生活，看書、聽音樂、胡思亂想或是寫點東西。十點半開始準備宵夜。

在太太回家之前，家中已經收拾得井井有條，宵夜已經妥當，我的精神狀況與心情狀況都處於顛峰，如同婚前要出門與當時的女友現在的太太約會一般，既可以爆發出濃烈的愛意，也可以承受萬一太太在工作上不如意所必須向我發的勞騷、苦水。更重要的是，我已經享受了二個半小時的獨處時光。

回想那段持續了一年半多的每晚二個半小時的獨處時光，現在都還令我回味不已。

那時我與太太住在四樓公寓的頂樓加

蓋，我的家人住在四樓，兩邊既有照應，又不致於干擾，實在是絕妙組合。頂樓加蓋的房子沒蓋滿，有個十來坪花木扶疏的院子，臨院子的房邊是個有頂的陽台，三坪大長方形的陽台是木板地面，長的兩邊一邊是連房間的落地窗，臨院子的一邊則垂有竹簾。木板地面擺有矮桌、坐墊，一旁有小瓦斯爐可燒水、煮茶、燉湯，另一旁有矮櫃放置書、茶具、音響。休閒機能全備，眞是「室雅何須大」。

有個院子與陽台，就像是在台北水泥叢林裡有個與自然對話的窗口。不論樓下的車水馬龍，坐在頂樓陽台上，還是能感受到清風明月寒來暑往，伴著晚上的獨處閒情。我所喜愛的「老舍」、「豐子愷」、「魯迅」、「沈從文」等民初文人的作品，差不多都是在這段獨處時光看完的。喝茶、讀書、聽音樂，讀到心緒澎湃或心緒幽然時，起身徘徊院中斯樂何極。

如果此時身旁另有一人，特別是與你關係親密的太太，她的心緒節奏未必與你同步，能分享你喜悅的程度不見得大過干擾你悠思的程度，不配合她的心緒節奏又於心不忍，勉強配合不但不搭調而且也委屈了自己。只有一個人獨處才可能任心緒逍遙物外，收放自如。

當然我也不會自己獨享，太太回家前的準備工作還是無一不備妥的。

曾經在夏夜，我將塑膠小泳池放在院中，將電視移到陽台上，太太一回家，兩人換上泳裝，往池裡一泡，邊消暑邊看電視，小游泳圈上反置一鍋蓋，權充放置零食的浮桌。冬夜則升起木炭火盆，或烤番薯，或燉羊肉爐，太太回家之際，也正是食物香氣四溢時。

不是閒人閒不得　閒人不是等閒人

我們身處的社會似乎以忙爲貴，以閒爲賤。忙象徵著權力、財富、名聲，閒象徵著懶惰、不長進、沒出息。導致不少人不忙裝忙，稍一忙就裝做忙得不可開交，逢人就說：「最近眞是忙的一塌糊塗。」，心中卻是一分抱怨、二分炫耀、七分驕傲。

這種社會價値觀，使得大家只會忙，不會閒，更不會由忙入閒。一閒下來則手足無措，不知如何是好，心中胡思亂想，渾身不對勁。觀察退休的公務員，特別是退休前官大點的公務員，退休不要一年，不是胖了一圈，就是看起來老了十年。由此可確定我們社會中，懂得閒的人實在不多。

家庭主夫在主觀上是閒中忙，在客觀上是閒人。不論一天有多少家事要做，都可以自行決定部份工作的時間順序，還可以自行在另外部份工作的間隔中找空檔，基本上是閒中帶忙。但不論家庭主夫一天有多少家事要做，在一般人眼中，還是閒人。正因爲家庭主夫是一般人觀念中的閒人，所以能成爲家庭主夫的人必不是等閒之輩。等閒之輩只懂忙不懂閒，不懂由忙入閒，更不懂閒中帶忙的日子該如何安排身心。

孔子說：「君子愼獨」。佛家講求打坐、閉關、面壁。雖然方法不同，目的不一，但基本上都是考驗人「耐閒」的能力，與家庭主夫的功課也差不多。其實，家庭主夫當久了，還眞有點在修行的味道呢。

這不是妄自托大，試想當自己對自己的生活有絕大部份的決定權（先洗衣還是先拖地任君選擇），從事的又是絕大部份工作不用大腦（鋪床、疊被、燙衣服等工作）的良心事業（多做一點看不出績效，少做一點沒有立即明顯的危機）時，還能持之以恆一心不亂，對清湯寡水的生活安之若素，這不是修行是什麼？

四：你管別人怎麼想

要當穩賤夫，首先臉皮要夠厚。我剛當家庭主夫時，第一次在非假日上傳統市場買菜，賣雞的老闆娘問：「老闆今天休假啊？」，我立刻神情自若的說「我現在不上班了，天天都休假」。我根本不看她臉上的反應表情，更不管她心裡怎麼想。她是不會因為你上不上班而多或少給你一兩雞肉的。當穩快樂賤夫的要訣，就是被問到上班問題時立刻照實說，第一次說謊，以後每一次被問到時都得說謊。而每一次說謊自己都會不愉快，既討厭自己更痛恨問的人，這樣是不配當快樂賤夫的。

坦白說，要求周遭的人接受你是家庭主夫這個事實，遠比你接受自己是個家庭主夫這個事實，更為困難，比賣雞的老闆娘不好對付的人多著呢。特別是你的父母、兄弟姐妹。

失職事小　失權事大

外人對於你家的權力天平早就注意觀察了。你開車載著太太、母親、岳母時，是誰坐前座？在你家吃飯，當大家坐定後，桌上少了筷子或湯匙，是你還是太太去拿？吃完飯是誰洗碗？誰擦桌子？

諸如此類的問題，就是天平上小小的法碼，而觀察這些問題的觀察員們，不到海基會上班也實在太埋沒人才了。或許你平日的行爲，早就引起你爸媽兄姐弟妹的極度不滿，三分怨你不爭氣自失權柄，七分怨你妻子太囂張牝雞司晨。

當你提出可能（只是可能）要辭職照顧家庭時，他們首先擔心的問題並不是你放棄了現在的職業有多可惜，而是今後你的家庭地位，特別是在岳父母面前的地位，其次才是經濟問題（連你的父母兄弟姊妹在緊要關頭都不見得先考慮到你的職業，就知道所謂的職業上的成就感是多虛無）。但如果你的太太賺得夠多的話，經濟問題就比較好過關。

你的家庭地位消長才是最大的難題。在表達擔心時措詞比較強烈的通常是女性，儘管你經常聽到她們抱怨自己先生的大男人主義。她們此時對你的擔心，卻全是由大男人主義的觀點出發。

來自岳父母的質疑也必然嚴峻，他們可能忽略了強將有富貴手、菜燒得超級難吃，卻學有專精、精明幹練的女兒留在家中，才是對人才的埋沒與折磨，甚至是社會的損失。他們可能忽略了如果他們視「男主外、女主內」是金科的話，「嫁雞隨雞，嫁狗隨狗」也該是玉律。女兒已經結婚了，管她家誰主外、誰主內呢？

他們雖非必然性的將家庭主夫與吃軟飯畫上等號，但總認爲你虧待了他們的女兒。這就要靠太太的道德勸說，例如一家不能沒人主內，她是哀求你多久，你才同意放她出去工作云云……當然，自己持續的體貼表現也很重要。

太太工作忙，與岳父母連絡、探視的工作就不妨自己接過來做。正因爲女婿是半子，多少隔了一層，在與岳父母連絡、探視時，或許比是女兒的太太還更平順而少磨擦。日子久了，也許岳父母還眞會有找到半子的感覺。

其實，就算岳父母不能全然接受女婿是家庭主夫的事實，也不至於出言譏諷，當面給你難堪。一則你是外人，二則他們的女兒還落在你手裡。有表面上的虛應故事就可以了。本來你也不需要他們內心百分之百的認同，他們的女兒內心認同你就足夠了。

萬紅叢中一點綠

過了自己的父母與岳父母兩關，別的人就都不成問題了。對小孩來說，換個人主內，還頂新鮮的。如果你沒你太太那麼嘮叨，小孩或許還念阿彌陀佛呢。如果小孩拿你與同學的爸爸比較，你不妨建議他拿媽媽與他同學的爸爸比較，他的同學中總有不少是來自單薪家庭的。

別擔心自己每天夾雜在一堆太太與菲傭中接送小孩上下學，或是出席家長會。就算周遭有異樣的眼光，多半是嫉妒的，他們多希望自己的先生也能如此投入兒女的成長。

我們的社會，對家庭主夫，遠低於對家庭主婦或大哥大、INTERNET、哈日族的接受度。家庭主夫引人側目的程度，絕對超過小學生帶大哥大上學。儘管家庭主夫對家庭的貢獻，絕對遠超過大哥大對小學生的貢獻。

人們視女性成爲家庭主婦爲理所當然，絕不會懷疑這個女性是不是因不符職場需求或是遭職場淘汰，而被迫走入家庭。男性成爲家庭主夫則很容易被視爲是職場競爭的失敗者、出局者。

這種對於家庭主夫「正當性」的質疑，是持續性的。質疑的密度不亞於中共在國際上重申「一個中國」的頻率。質疑的來源還不僅止於男性，女性的質疑往往更強烈。

抬頭挺胸當「賣男賊」

不少男性朋友視我爲異類，視我的賤行爲「賣男賊」（出賣男性權益的賊），爲男性做出最錯誤的示範。如果只是關起門來，自己喪權辱男也就罷了，偏我又賤得抬頭挺胸理直氣壯，雖千萬人吾往矣，更是令大男人主義者髮指。

其中最善意的是我一位男性朋友，他就經常語意不明的「稱讚」我——「宜室宜家，而且只有一室一家」，我分析這種「稱讚」的眞意，部份是緣於我做到了他想做而做不到的事，但另一部份則反應他不見得眞正想做，如果眞正想做又怎麼會做不到呢。

有些女性的朋友更是以全然傳統男性的角色扮演，來看待我家庭主夫的行徑。看到我賢惠的持家，反應竟然是爲我個人的家庭處境憂慮，而不是爲我太太無後顧之憂慶幸。雖然她們也可以說是傳統父權、夫權下的受害者，或是已經以成功的職業婦女或是女強人自居，但是她們卻能非常嫻熟的闡述傳統的父權與夫權概念。

在選擇成爲家庭主夫之前，就要考慮自己的神經是不是夠大條，能夠忽視外界一切異樣的眼光，甚至是刻薄的譏諷。

別理自己的朋友怎麼想，怎麼說你。不能理解、支持朋友合法行爲的人，不配當你的朋友。如果想滿足你每一位朋友的期待，恐怕早已人格分裂了。

以太座意向爲最高指導原則

最重要的是你的太太的態度。

太太與你是組成家庭的必要條件，也是家庭主夫存在的基礎。如果經過相當一段主夫時間，你太太還是無法接受你是一位稱職的家庭主夫，且想回歸家庭或是希望家中多一份薪水時，愼重考慮放棄，不論你有多希望能再當家庭主夫。

如果太太衷心希望你能繼續當家庭主夫，不論她的出發點爲何，是爲了讓你稱心如意，或是她自己想無後顧之憂的投入工作，還是她對家事極度厭惡……總之，你都要堅定立場，「當賤不讓」。

拿出「一夫當家、萬夫莫敵」的精神，不管旁人明嘲暗諷，一路賤到底，永操賤業。須知一賤天下無難事，久而久之旁人也習慣了。

要知道，止謗之道在於耍賤。

貳

家庭主夫家事篇

一：輕鬆快樂做家事

論起做家事，相信許多人都會認爲那是繁瑣、低成就感、一成不變又永遠做不完的，而實際情況也是如此。

沒做家庭主夫前，我眞的沒想到面積不大、人口簡單的家庭，家事卻如此繁瑣。一天煮三頓飯，洗三次碗，一次也少不了；將待洗的衣服放入洗衣機，洗淨脫水後取出晾好，曬乾後取下折好，再分送至各人的衣櫃（其中還有要燙的），一個流程也不能省；昨天才拖過的地板，今天又是一層灰，歲歲月月，日日年年皆如此。

多年媳婦有熬成婆的一天，資深民代也有退職的一天，國民黨有在野的一天，家事卻沒有做完了的一天。

如此說來，家庭主夫豈不是寡婦死了兒子——沒指望了。其實也不必如此懷憂喪志。在此，我提供個人多年從事家庭主夫的心得，發現只要能夠「有點用心又不要太用心」的去做家事，做家事就會變得輕鬆快樂。

所謂的「有點用心」，是指做家事絕不能不用心。做家事的方法要用心探索、學習，才能做得又快又好。苦幹不如巧幹，家人要的是你的功勞而不是苦勞，沒有功勞只有苦勞的家庭主夫是令家人瞧不起的。做家事的時間順序一定要用心規劃，才不會手忙腳亂，毫無效率。家中的佈置與家庭活動的安排，也要用心思考，才能不斷推陳出新，爲家庭注入新鮮的氣氛。

只有用心才能找到最有效率的工作方式，最合理的工作流程，也才能獲得最大的客戶（太太與子女）滿意度。

做家事需要用心的程度不能亞於汽車工廠設計一條新的生產線。生產線設計不良，將造成人工的浪費，材料的損失，不良品的增加。不用心做家事將會忙得團團轉，家裡一團亂，主夫氣喘如牛，家人怨聲載道。

我對於做家事的用心，大部分是用在如何以最少的時間做最多最好的家事。家事最惱人之處，就在於繁瑣，它將你的時間切得零零碎碎。空閒的時間不是用於等待上一件家事的結束，就是用於等待下一件家事的開始，使有空閒比沒有空閒更令人喪氣。

我的家事規劃最高指導原則是「偷工而不減料」，偷工可以節省時間，不減料則可以確保品質。實際操作上的例子包括：

一、儘可能在同一時間做一件以上的家事。例如：拖地板的同時，衣服正在洗衣機洗淨、脫水，地板拖好了就可以晾衣服。炒這道菜時，切下一道要下鍋的菜。最後一道菜下鍋時，添飯排筷子。

二、出門一趟儘可能做一件以上的家事。例如：上菜場買菜前，先去郵局繳郵政劃撥的錢。送小孩上空手道課中間等待的一小時，上超級市場購物。

三、以順序減少流程。例如：先炒蛋再炒青菜，則少洗一次鍋。如順序顚倒則必需洗兩次鍋。

有原則就必須有例外，為了追求客戶的滿意，我可以隨時打破個人的原則，例如太太急需穿某套衣服，我絕對樂意單獨洗、燙，不論這是多麼的不合乎經濟效益。

是職業而不是事業

所謂的「不要太用心」，是指絕對不要把全副心力都放在做家事上。家庭主夫只是我的職業，而不是我的事業。我愛做家事，我愛我的家人，願意為他們做無私的奉獻。但是我也需要獨立的思考、學習與成長。

就像沒有一個上班族會將全副心力用在工作上，就算他是工作狂。起碼他還會想到升官、加薪、跳槽。家庭主夫這個職業與升官、加薪、跳槽全然無緣，就更不能不分清楚職業與事業的區別。

家人的幸福快樂絕對是家庭主夫的最大成就，但不能是唯一的成就，家庭主夫必須要在家庭之外，建立屬於自己的成就。雖然身為家庭主夫，很難在家庭管理之外建立具體的成就，但是只要用心，一樣可以在內心建立起抽象的成就世界。建立，並且不斷去豐富內心世界，就是家庭主夫的事業。

更唯有不斷的追求自己的思考、學習、成長，家庭主夫才能有更多的心力、創意，奉獻給家人，永遠不匱乏。

燈塔通常建築在沒有能源的海角，它的能源必須依賴外界的提供。家庭主夫也需要能源，但是他的能源絕不能靠家庭提供，必須自己外求。燈塔指引了船隻安全的航向，也贏得船隻的感謝，但是船隻並不提供燈塔能源，燈塔的能源來自陸地。

家庭主夫付出的勞務，提供了家人便利，也獲得家人的感謝與親情的回報，但是這並不足以支援家庭主夫心靈的成長與無窮的奉獻。沒有思考、學習、成長的家庭主夫，不但不能持續提供家人高品質的服務，而且很快的就會成為「公公爸爸」（「婆婆媽媽」的同意異性詞）討家人厭的傢伙。

三分攘外，七分安內

可以用另一句話形容「有點用心又不要太用心」，那就是「三分攘外，七分安內」。雖然我的身體，從事家事操作的時間相當的長，但是我的心力，大部分卻用於追求自己的思考、學習、成長。沒有人規定掃地時不能聽音樂或是語言錄音帶，也沒有人規定燙衣服時不能看電視或是思考，只要地掃的夠乾淨、衣服燙的夠平整。

多少上班族都可以在上班時一心多用，又辦公，又做股票，還要不時與同事閒談，他們一樣可以從容不迫。要做家庭主夫，就要把這種精神帶回家。掃地時聽空中英語，燙衣服時看「DISCOVERY」，等湯煮滾的時間起碼可以看兩頁書。如同定期定額存款一樣，將分割的時間做零存式的利用，長久累積的成果，就像整付般令人驚喜。

二：家庭主夫的身心分離術

有的人只能做需要動腦筋的工作，像是設計、創意的工作；有的人卻只能做不需要動腦筋的工作，像是生產線上的裝配員，只反覆從事單純的動作。只要運用得法，做家事時可以同時達到上述兩種情況，或是其中的一種。如此，做家事的樂趣就產生了。

神遊物外做家事

我可以視當時所從事家事的種類，決定要如何的支配我的身體與心理。插花時，當然要全心投入。擦玻璃時就不妨讓思考神遊物外，看到那邊比較髒就多擦兩下，是屬於反射動作，不需要用大腦的。當然，擦玻璃時我也可以什麼也不想，就讓頭腦全然的停轉，享受純粹的體力勞動的感覺。

如此，想或是不想都一樣的美麗，一樣的操之在我，一樣的可以自由出入。這眞是無比的大超越、大解脫、大自在。

當我經常性的達到這樣的境界（當然還不是持續性的，我的定力還沒這麼高），我不僅能充分的享受做家事的樂趣（其實是不用心做家事的樂趣），而且還挺感謝家庭主夫的身分，使我有名正言順的做家事的機會與權利。

身不爲形役

我這種靈魂出竅的功力，培養自當兵時。迄今我一回想起當兵的日子，想到的不是演習、站衛兵、五千公尺、五百障礙，而是做白日夢。

當兵眞是做白日夢的最佳職業（當軍官則不然，負責軍品採購尤其不然），完全不必也不能爲日常生活操心，完全不必也不能規劃自己的日常生活。什麼時間做什麼事，早就規定好了，只等照表操課。一切都有長官下令，長官一個口令、小兵一個動作。既不可落後，也不宜超前。一生中到那裡去找這種完全不必爲自己的身體做主的時間呢？

既然當兵是身體的有期徒刑，我何不就將自己的身體變成聲控機器人，任憑人使喚、指揮、奴役、踐踏（軍中不是有句話叫「合理的要求是訓練，不合理的要求是磨練」嗎？），將自己的心理獨立出來，完全操之在我。利用獨立的心理，做與周遭生活毫不相干的思考。

雖說當兵時精神生活毫無學習成長的機會，難以由外界獲得什麼，但是仍可以將儲存在腦海中的以往所知、所學，加以重新思考整理，去蕪存菁。頭腦就像電腦的硬碟，開啓舊檔加以處理，就可以另存新檔。不同舊檔的重新排列組合，就可以以等比變數的速度，增加出無窮的新檔。

現在想想，當時我的腦袋還眞像配備了太陽能電池的筆記型電腦。當兵自然不乏曬太陽，我的電腦也不乏運轉的電力。

我在當兵時平均一週寫六封信，每封平均八百字，給我現在的太太，當時的女友。一年十個月，寫了四十五萬字，全部與當兵生活毫不相干。內容除了談情說愛之外，全部都是我白日夢的心得。這就是我沒有慘遭「兵變」的原因。沒有人會持續的對與自己生活經驗無關的事保持高度的興趣，男生一再的向女友吹噓當兵的英雄事跡，只會讓女友覺得你不長進，久而久之你們的愛情也會成爲遺跡。

別認爲我的境界是精神分裂的前兆，或是阿Q精神的極致發揮。人做任何事總要有點不切實際的想像力，否則如何活的下去？不論是收垃圾的工人或是政客，否則要如何面對每天清不完的垃圾，與自己都記不清的謊言。

三：家是城堡不是倉庫

對絕大多數的現代家庭來說，不患家中東西太少，而患家中東西太多。家是人的城堡、避風港，但是當物質充裕，特別是量販店興起之後，許多人的家卻變成了倉庫。

很多人都誤認爲，家裡東西多，不過只是浪費錢罷了。很多人都從未清楚的計算過購買東西所需要付出的代價，那眞是不算不知道，算了嚇一跳。

不算不知道，算了嚇一跳

在金錢代價方面，除了購買的費用（東西的售價）外，還有儲藏的費用（倉庫的費用，即倉租）、維護的費用（如衣服送乾洗，盆栽需施肥），甚至還有未來丟棄的費用（這種費用在台北市垃圾費隨袋徵收後，更應該獲得重視）。在時間代價方面，購買、運送、放置、維護、丟棄樣樣都得花時間。

金錢與時間的花費都有排擠效應。錢用於買衣服就不能用於買維他命，用於買玩具就不能用於買書籍。時間用於購物就不能用於看書，用於丟垃圾就不能用於陪小孩唸故事書。

在此要特別強調儲藏的費用。以天花板高三公尺面積一坪的居住空間爲例，全部體積爲九百七十二萬立方公分，其中可置物的空間五分之一（其他是人的活動空間），約一百九十四萬四千立方公分。還要再分爲家具所占空間及物品所占空間，如以一比一計算，物品所占空間爲九十七萬二千立平方公分。

由此可知，市價二十萬元的一坪房間內可以放置物品的空間約爲九十七萬二千立方公分。換言之，一立方公分的放置物品空間，按房價比例計算爲二角錢。這似乎微不足道，其實不然。一盒面紙的體積約二千立方公分，其儲藏費用爲四百元。當然，房子的折舊攤還起碼有二十年，所以一盒面紙放在家裡一年的儲藏費用約爲二十元，幾乎等於一盒面紙的售價

如果你經常在家中維持三盒面紙的安全存量，一年就要爲這三盒面紙支付六十元的儲藏費用。此外你可能還維持四公升沙拉油，二瓶醬油、二公斤肥皂粉，洗髮精潤絲精沐浴乳各二瓶……的安全存量。你市價二十萬一坪的房子，就該當倉庫使用嗎？

沒錯，量販店的東西是比較便宜，那是因爲商家將倉儲成本轉嫁給消費者的結果。消費者節省的購物成本，一樣得在倉儲、盤點、整理中連本帶利吐出來。

便利導致不便　省時導致費時

我們處在一個看似做家事愈來愈輕鬆省時的時代，其實我們做家事的時間卻有增無減。

一塊抹布擦遍全家、一塊肥皀清洗一切、一樣手工具完成多樣工作的時代已經結束。我們有太多的清潔工具，像抹布（擦飯桌、擦傢俱、擦汽車各有不同）、菜瓜布、刷子、拖把、吸塵器。太多的清潔劑，像洗一般洗碗、洗特油膩、洗地毯、洗沙發、冷洗精、漂白水、洗地磚、洗木質地板。我們有太多的家電用品，像開罐機、磨刀機、咖啡機、磨豆機、果菜汁機、烤箱、微波爐、音響、CD、DVD。諸如此類，不勝枚舉。

新發明、新功能、新造型的用品，伴隨著強大的廣告行銷，不斷的「教導」我們如何更輕鬆、有效率，也更複雜的做家事。我們如果不聽從，就會覺得自己小氣、落伍、不專業。

如果我們聽從這些廣告行銷的指示，我們的收入能否跟上不斷推陳出新的商品是另外一回事，重要的是我們的家事未必會變得輕鬆。一個手動擠橘子汁的工具，不論體積比同樣功能但是是電動的小，使用後的清洗也較省時省力。快鍋、悶燒鍋、慢燉鍋固然有不同的功能，但是不見得値得你花錢購買、費空間儲藏而一一具備。

新發明的家庭用品的吊詭之處，就如同「開個會來討論如何提高會議效率」，它看似爲節省做家事的時間，提昇做家事的效率而出現在家中，殊不知這些用品的本身，也將成爲家事的一部份，要花費時間來對付。

「美」不勝收

家中東西太多的結果，就是「美」不勝收。家裡東西多，或許有一種充實的幸福感，但實際的結果卻是「不勝收拾」。

國畫講究「留白」，畫的氣勢與意韻，並非來自畫面中已作畫的部份，而是來自空白的部份。一個家要呈現出美感，不能光靠東西的充實，沒有東西的空間感更是不能缺少。當「衣服永遠少一件，鞋子永遠少一雙」的同時，房間也必然少一間。

家裡東西太多，也會造成心緒的干擾。收拾過多的東西，除了讓人心力交瘁，身旁的雜物太多，也會使心情不易沈澱。

人很難不受到環境的影響，所以不論帝王的宮殿，宗教的教堂或是廟宇，都有一定的建築形式與

內部擺飾，以塑造入內者的特定心情。家庭的佈置雖然並不宜如「極簡主義」，使家中四壁蕭然，毫無人味，也不宜過度擺設，使心緒煩亂。

要避免家裡變成倉庫，第一步是減量，第二步是將在下一章說明的有組織的儲物。減量的難度非常高，除非你家很窮，否則你如何要求太太少買一件讓她上班更光鮮亮麗的衣服，要求你的孩子少買一件他的朋友都有的玩具？

減量購物

在減量目標下的購物原則應該是只購買品質好、用途多、耐久（耐用、耐看）的東西，如此才能少買東西。品質好、用途多、耐久的原則，用在選購咖啡杯上，就是選擇款式耐看，大小適中（可喝咖啡也可喝下午茶），中價位者（價位太高萬一打破會心疼，將影響使用意願；價位太低則不易被珍惜，容易放打入冷宮）。用於選購衣服，則選擇好搭配，不易退流行，耐洗不變形不褪色者。用於選購玩具，則選擇可發揮創意，變化多，可與現有玩具搭配玩者。

總而言之，減量目標下的購物，不僅是爲了購買特定物品以獲得使用特定物品，同時也是爲了增加現有其他物品的可使用度，及減少未來購買其他物品的需求。

不過，人的購買慾本來就有一部份是非理性的，減量購物，只是一個崇高的理想。家人做不到是天經地義，自己能做多少就儘量做，不能完全做到也不用自責。說句眞話，如此的購物行爲，如果能完全奉行，廣告行銷人員早就上吊自殺了。

四：東西找不到就等於沒有

書到用時方恨少，物到用時方難找。東西要用時找不到，不要用時卻出現在眼前；愈是急需要用，愈是想不起來放在那裡，這應該是許多人共同的慘痛經驗。東西找不到就等於沒有，甚至比沒有更糟，因為你不但已經花錢購買，而且它還藏在你家的某一個角落，佔著相當的空間。

物到用時方難找

我曾經因為圖書管理系是大學聯考的冷門科系，而輕視圖書館理員，甚至認為專為圖書管理設一個系是小題大作。等到自己當上家庭主夫，才體會到要將家中時有增減的千萬樣物品做有效的存取，眞比登天還難。

一個家庭其實也等於一個小圖書館，家中除了傢俱，所有可移動的物品，就等於圖書館的藏書，家中的成員就等於借書人，家庭主夫自然就是責無旁貸的圖書管理員，

而家庭主夫則較圖書管理員更難為。圖書館的藏書易於分門別類編造目錄，家中雜物難（半塊鉛筆專用橡皮擦、四分之一桶象牙白乳膠漆、室內用聖誕燈備用燈泡……單是為這些東西命名就傷透腦，更何況不可能要求家人對於所有的東西都使用一致的命名）。借書逾期不還可罰錢，家人使用物品後不放回原位不能罰錢。借書者找不要某本書，管理員可推說已經被借走，家人找不到特定東西，總不能推說被借走或是被偷了吧？書籍儘管有不同大小的開本，總有

一定的尺寸範圍，易於排放；家裡東西的大小卻是鉅細靡遺，小至圖釘，大到自行車，眞是整理不易。

有組織的儲物法

經過多次找不到東西，特別是重要又急需的東西的慘痛（嬌妻稚子頻頻催逼）教訓，使我痛下決心發展出有組織的儲物法。寧可在儲物時多花點時間與心思，以節省尋物時間。

首先，先將家中物品與儲物空間做一個大致的分類，分出各人物品與家庭物品，以及各人儲物空間與家庭儲物空間。如此可便於未來建立責任區制，各人有義務將各人物品在各人的儲物空間做有組織的儲物，各人的物品如果找不到，責任自負，與家庭主夫無關。

第二步，協助家人（兒子的物品分類概念不夠，太太則沒時間操這種閒心）將各人物品分類儲藏在各人儲物空間，分類時要依據使用者的分類邏輯，如此使用者才找得到，使用後也才能做正確的無以歸位。

此時還要考慮到衣服與被子的換季問題，除非各人儲物空間夠大，可同時儲藏冬夏衣服與厚薄被子，否則最好在家中另覓一家庭儲物空間，統一做爲全家人換季衣服、被子的存放處。未來衣服、被子的換季移動、清洗、整理工作，也便於由家庭主夫統一辦理。

第三步則是將家庭物品分類儲藏在家庭儲物空間。這裡要注意的是，先要區分出家人會使用到的物品（如針線盒）與只有家庭主夫會使用到的物品（如工具箱、油漆、油漆刷），以及全家人都會使用到的物品（如聖誕樹及其裝飾），與消耗品（如衛生紙、牙膏、肥皂、洗髮精）、半消耗品（毛巾、牙刷）的補充品。

區分之後，才能確定儲藏的邏輯性，以及是否需要告訴家人儲藏的區域。（只有家庭主夫會使用到的東西，家人不需知道放在那裡，但是家人會使用到的東西以及消耗品、半消耗品的補充品，家人必須要知道放在那裡，否則家庭主夫不在家，廁所的衛生紙用完了，該如何是好）。

天人交戰　丟東西

在以上分類儲藏的過程當中，必然會面臨許多的矛盾、兩難、無法決定。這些矛盾、兩難、無法決定，會讓人心力交瘁，只想半途而廢。

首先面對的是該丟還是該留的選擇。不經過一次翻箱倒櫃式的重新分類，不會知道家裡的東西會這麼多。全部留下的話，就失去整理的意義：要丟，這個可能還有用，那個當初可是花了不少錢買的，丟東西的困難度不亞於與愛人分手。

在此我提供個人的「丟留」取捨標準。有代表性紀念意義的東西不丟，書不丟（家庭主夫是難得的有閒閱讀的職業，借書、買書尚且不及），沒有新聞性的雜誌不丟，如我的「故宮文物月刊」、太太的「雄獅美術」、兒子的「小牛頓」，過期的新聞性雜誌丟，不堪使用的東西丟，太久沒使用過的東西丟。

我對兒子成長過程中所留下的東西是不丟的，除了玩壞了的玩具。像他送給父母的生日卡、畫的畫，我都用檔案夾存檔，迄今已有四大本。我與太太婚前婚後的往來書信，也一樣存檔。（為天馬行空的海誓山盟保存白紙黑字的證據。戀愛支票與選舉支票的兌現率相差無幾）。

不能修理或是修理費用高的不合理的東西，是沒有保存價值的，不要手軟，快丟。兩整年都沒有穿過的衣服，就表示你永遠不會再穿它了，丟吧（這個概念是得自一篇報導，不過報導中建議的丟棄期是一年。我強烈懷疑一年期限是服裝製造商訂的，意在鼓勵大家買新衣，所以我將它延長為兩年）。因所得提昇或是品味提昇而顯得礙眼、低俗、雞肋的東西，丟吧。

儘可能將丟東西時內心的雙重罪惡感（既後悔當初花錢買了不是很有必要的東西，又懊惱非丟不可眞是浪費）保留下來，而且是愈久愈好，如此才可以養成理性的消費習慣。

家裡的儲物空間不符合實際需求理想，又是另一項惱人問題。

書架、衣櫃是專為放書與放衣服而設計，問題還小一點，但依然不盡如人意（一般衣櫃只有掛衣架的橫桿，放置T恤、內衣、襪子的橫板不夠多）。而許多零星雜物，就很難有妥貼的儲藏空間。此時就必須捨得投資，購買分類收納的塑膠抽屜、盒、格，而且最好是透明的，才能不需開啓就一目瞭然。或是將現有的櫃櫥空間再行分格，以利儲存及分類。

密度與便利度成反比

家裡物品的儲藏放置密度，是另一項天人交戰。密度大則節省空間，但取用不便；密度小則浪費空間，但取用便利。

我曾經以貨主將貨物裝上貨櫃的精神，將二十件折好的T恤放入二十公分高的格子中，完全不浪費一平方公分的空間，而志得意滿。

但是以後每當我要取用一件T恤時，我必須將全部T恤取出，小心翼翼的抽出那一件，一不小心就將其他的弄亂了，那就再也塞不回原來的空間，只好全部重折一次。空間固然節省，時間卻浪費了。

在規劃孩子個人物品的儲藏時，更是要留心低密度的重要性。孩子願意收拾自己的東西就很皇恩浩蕩了，千萬不要再考驗他的耐心與仔細度。孩子的衣服除了襪子與內褲之外，最好全部用衣架掛，才不容易亂。玩具則儘量以塑膠盒分類存放。

非生鮮類的食物如零食、南北貨，盡可能以透明塑膠容器或玻璃罐儲存，只有容易看得見，才會想到要吃。

本章可能是本書中最拉雜瑣碎的一章，自己寫來都覺得像裹腳布。物品是家庭的必要之惡，本章也是本書的必要之惡。

五：檔案管理持家術

成功的料理家務，需要現代化的企業經營觀念。

許多人誤認爲料理家務沒有什麼大不了，只要節儉與勤快就可以了。其實這太看輕了料理家務所需要的概念與技巧，苦幹絕對比不上巧幹。

上班精明　下班迷糊

許多人在辦公室處理公務時井井有條，公務上的文書信件都能分門別類的歸檔，取用時皆十分便利。上班時的時間規劃也高度的有效率，務求在最短的時間做最多的公事，與最多的私事。就算不是在財務部門任職，對於公、私款項也分得一清二楚，出差時該請領的差旅費，一毛錢也不會少申請。

可惜的是很少人會想到要把這種精神，援用到料理家務上。在外精明幹練的女強人，回到家卻是迷糊的主婦，搞不清楚上個月家中食物類支出的確實金額。在外是業務經理的先生，也不知道去年的稅單放在那裡。

成功料理家務的第一步，依我的經驗看是要先建立檔案管理的制度。也就是建立檔案，管理檔案，再以檔案管理。有了檔案才知道來龍去脈，不會打迷糊仗。

一般家務需要的檔案包括：

家電用品及組合家具說明書檔

以現代家電功能的複雜性而言，不看使用說明，許多功能就不會操作（如果說明書是由專業人士撰寫，你對該項專業術語又不熟悉，反覆閱讀使用說明，還不見得會操作），找不到說明書就等於失去許多你已經花錢購買了的功能；缺少組合家具的說明書，要拆裝搬動組合家具會有困難，使動產被迫成為不動產。

申報所得稅檔

每一年的綜合所得稅扣繳憑單及所得稅申報書影印本，退稅或補納稅資料，都應該保存下來。如此才能清楚的了解每年已申報所得的正確數字，並可以逐年做比較，如果所得的增加，跟不上通貨膨脹，就表示家庭經濟狀況亮起紅燈，趕快開源節流吧。

逃稅當然不該被鼓勵，而薪水階級也與逃稅無緣，合法的節稅與報稅技巧，是薪水階級的必修課程（如果所得的經濟規模沒有大到值得請會計師代爲申報）。透過每年的報稅，及退稅或補納稅的經驗分析，能慢慢揣模出節稅的竅門。我的夫妻綜合所得愈來愈多，稅繳的卻愈來愈少，就是我多年揣模出的報稅心得。

房屋檔

包括土地、建物權狀影印本（正本最好放在銀行的保管箱，起碼絕對不可以和印鑑證明放在一起）、歷年地價稅、房屋稅稅單、房屋保險保險單。

汽機車檔

包括汽機車原始資料，使用手冊，稅單，汽車保險保險單，保養記錄。罰單請記帳後歸此檔（停車費就免歸檔了吧，家庭主夫不是會計人員，不宜走火入魔）。

重要證件檔

包括結婚證書、畢業證書、子女的出生證明、身分證、護照等不需要隨時隨身攜帶的重要證件。

家庭投資理財檔

不論資金或獲利屬於夫或妻，只要所有權人同意此爲家庭投資，其往來所有資料都可入此檔。記得存摺或憑證正本，務必與相對應的印章分開存放。如果投資項目較多，不妨細分爲活儲檔、定存檔、股票檔、基金檔等等，分得愈細，愈易於整理。

個人檔

家中每一成員都應有個人的檔案，存放個人生活證件。包括：醫院掛號證、唱片行會員卡、餐廳九折卡、量販店卡、貴賓卡。

子女檔

存放子女學習記錄，學習成果，不僅止於學校的成績單。範圍以能記錄子女的成長爲原則。

家庭活動影音記錄檔

此檔包括記錄家庭成員活動的照片、錄音帶（孩子牙牙學語及父母爲孩子說故事的錄音帶）、V8錄影帶。整理家庭照片是花心思、費功夫的事，但花的心思愈多，費的功夫愈大，日後再看時，樂趣也愈大。

往來書信檔

此檔包括親友來函、回函影印本（以傳眞、答錄、影印三機一體家用傳眞機影印後歸檔，正本寄出。）、列印出的E-MAIL來函及回函，以上皆只選擇重要著歸檔、影印、列印。

以上只是一些舉例，不同的家庭會有不同的檔案分類需求。

重要的是，檔案是死的，人是活的。只有人能夠充實檔案中的資料，也只有人會取用了檔案中的資料而不歸還原位。

六：耐煩記帳好處多

當一位頭腦清楚的家庭主夫，一定要能掌握家中金錢的去向，也就是要知道錢花了多少、花到那裡去了。

自認爲精明的家庭主夫或是主婦，非換季打折時不買衣服、儘量不在星期天上菜場、買青菜除了討蔥之外還不忘一併討香菜與九層塔，但是如果他或她不記帳，一樣不知道錢花了多少、是怎麼花的。從而他或她也不知道該如何支配有限的金錢，更別提藉著支配金錢來提昇全家的生活品質。

以記帳凝聚家庭意識

記帳，需要全家人的共識，而且是大公無私的共識。家中每一個人都不能有私房錢，也不能花了錢而不記帳。

記帳，不論每筆支出的金額多寡。

記帳，不是三天打魚兩三曬網，而是持之以恆，只要有消費就要登記。這是一件高難度的工作，決定做之前，先開家庭會議凝聚共識。

這不是在推薦你搞人民公社，而是要培養家人經濟共同體的感受，特別是子女最需要這種感受，現代的子女絕大多數只懂對父母予取予求。當家人都有了經濟共同體的感受之後，大家就會覺得彼此是命運共同體。

記帳並不難，只要記下每一位家人的每一筆消費的日期、用途、金額與支付工具（現金、信用卡、銀行卡）。用途欄愈詳細愈好，不要籠統的寫購物、買衣服，要註明買什麼，買給誰的。一筆消費中可能包括許多項目，例如：爸爸的鞋油、媽媽的潤絲精、兒子的襪子，請不厭其煩、不厭其詳的分開登記。

此外，按消費日期順序保存所有的收據、發票、信用卡簽單。除了方便對帳，統一發票可能中獎，信用卡簽單可以查對你的信用卡發卡銀行有沒有在帳單中灌水，或是卡遭人冒用。

消費習慣是可以被檢討的

記帳滿一個月，就可以進行統計分析了，最簡單的辦法，就是依食（含內食、外食）、衣（含鞋、襪、皮包、皮帶、領帶……）、育（學雜費、補習費、才藝課費、文具、書籍）、樂（旅遊費、電影費、CD、錄影帶）四大項，將當月的每一筆支出歸到項下，如此就可以知道當月家庭支出的分配比例。然後再將個別家人的當月每一筆支出，歸到上述四大項之下，如此就可以知道個別家人支出的分配比例。

以第一個月的家庭與個別家人支出的分配比例，做爲未來比較的基準，不論第一個月的支出分配比例是否合理。

這時你才會發現，給兒子學英文才花了六千元，自己的CD已經買了三千八，太太的皮包是一萬六，然後一家人才有重新檢討消費習慣的機會。

金錢的使用是有排擠效應的。一萬元用於買一套西裝，就不能用於買十七吋的電腦顯示器；四千元用於全家出去吃一頓，就不能用於爲孩子買一套百科全書。

通常人的消費行爲，在決定購買特定商品之前，只會比較商品的品質與價格，而不會與價格相近的不同商品做橫向的比較。記帳，可以幫助你做事後的橫向比較。

此外還要有一大項，就是經常性必要支出，如房屋貸款、房租、水費、電費、瓦斯費、電話費、行動電話費、大樓管理費、有線電視費。這類支出雖然是必要的，但是記帳的結果，可以使你便於比較，立刻查明異常增加的原因。

消費的最高境界，應該在於以有限的金錢，換取獲得最大滿足的物品或是勞務，記帳才能顯示你的消費是不是明智的。

七：偷工不減料 營養好味道

佔家庭主夫家事最大比重的，莫過於一日三餐。嚴格說是由一日三餐延伸出來的買菜、燒菜、吃、洗碗（包括清理廚房，倒廚餘）。

佔家庭主夫業績最大比重的，也莫過於一日三餐。地板有點灰，房間有點亂，衣服燙得不夠平整，家人不見得會察覺，就算察覺還多少能包容。一餐不好吃，餐桌上就看不到好臉色，簡直是一翻兩瞪眼。

由此可見，一日三餐是家庭主夫職務中最大的矛盾點。家庭主夫想要挪點兒時間進德修業（或是偷懶摸魚），非由佔家事比重最大的一日三餐下手不可。但一日三餐又佔家庭主夫業績最大比重，攸關飯碗，絲毫馬虎不得。菜都燒不好，還要這個主夫幹什麼？

思之再三，我終於發現用「偷工不減料」來對付這個矛盾點，並行之有年，效果良好。

偷工不減料

傳統的中國菜講究色香味並重，刀工、火候缺一不可。連孔子都曾說：「食不厭精，燴不厭細。」、「割不正不食。」。走火入魔的結果，高級餐廳的菜由菜名、做工、調味到盤飾無一不過度精緻。許多食譜上的照片，更把一盤盤菜搞得花團錦簇，令讀者望而生畏，不敢試做。

我是家庭主夫，不是餐廳的大廚，也不打算寫食譜，所以我燒的是家常菜，眞材實料不花俏，營養好吃不難看也不特別好看。再者說，家中的廚房不論再專業，還是比不過外面餐廳的廚房。家中廚房不可能同時維持三個爐台待命，一個快炒鍋，一個油炸鍋，一個滾水川燙鍋。更何況餐廳快炒還是用燒起來咻咻做響的快速爐，火候當然不一樣（產生的油煙也不一樣）。既然沒得比，就不要比。

更何況人的口味是多變的，就算你每天挖空心思變新花樣燒菜，家人還是會吃膩的。我們是主夫，不是煮夫，既不是只有燒菜這一項功能，也不是只有燒菜這一項專長，就不要計較全家人偶而得出去上館子，更何況自己也可以因此少煮一餐，少洗一次碗。

所謂的「偷工不減料」就是儘量燒做工不複雜，材料貨眞價實的菜，以節省燒菜的時間，又能讓家人滿意。

所以我對於需要大量刀工（如以十樣價格不高但需要切成細絲的素菜所組成的「十香菜」），或是配料過多（如酸辣湯，豬肉絲、鴨血、豆腐、紅蘿蔔、木耳、雞蛋、香菜缺一不可），或是複雜的製作過程（如「佛跳牆」的材料有要先發過的魷魚、炸過的排骨、燉過的高湯等等），或是需要大量炸油（如「鹽酥雞」、「炸排骨」、「炸雞腿」等，油少則炸出來難吃，一大鍋油只炸一次很浪費，而回鍋油有礙健康）的菜，一律敬謝不敏。這類菜，應該出去吃。

取而代之的是材料價格不低、本身新鮮度及味道都很好，但做工及調味相對簡單的菜。如「龍蝦兩吃（生魚片、味噌湯）」、「清蒸魚」、「五味小卷」、「炒海瓜子」、「三杯田雞」、「煎牛小排」、「牛尾湯」、「鮭魚頭味增湯」等等，這類菜重在材料，材料新鮮，燒出來味道就不會太離譜。既省工又叫好、叫座。更重要的是，材料價格高，也是吃進家人的肚子，不算浪費，且這類菜在外面吃還挺貴的。

一般而言，中餐廳菜的成本，約爲其價格的百分之三十五，其餘的百分之六十五爲場地成本、人事費用、裝潢與生財器具的折舊，以及利潤。

如果是山間的土雞城，場地成本低很多，菜的成本可能會達到其價格的百分之四十，視店主的利潤而定。如果是都市繁華地段的餐廳，場地成本必然很高，此時菜的成本可能只有其價格的百分之三十。

如以百分之三十五的比例計算，一條訂價三百元的紅燒魚，魚加上蔥、薑、蒜、紅蘿蔔絲及油、酒、醬油等調味料的總成本約爲一百零五元。一條訂價五百元的清蒸魚，魚的成本爲一百七十五元。比較三百元的紅燒魚與五百元的清蒸魚，你多花了二百元，卻只多吃到六十元的魚。

所以說，單價愈高但工不複雜的菜愈該學著自己在家做（以海鮮爲主，海鮮只要新鮮，怎麼料理怎麼好吃），單價愈低但工複雜的菜最好在外面吃（以麵食爲主，水餃、鍋貼、牛肉餡餅之類，就算你會做，也省省時間吧）。

在精不在多

除了「偷工不減料」之外，我還有一個省時妙招，就是「菜，在精不在多」。一家三、四口人，一餐兩菜一湯，至多不過三菜一湯。只要菜美、湯濃，全家絕對吃得津津有味，勝過滿滿一桌子可食度不高的菜。有時，我甚至偷懶到（或是精緻到）一餐只有一道海鮮粥或是清燉牛肉麵，我兒子一樣吃的讚不絕口。

備多則力分，集中人力（心力、時間）、物力（材料費）在一、兩道菜上，比起散彈打鳥效果要好的多。

不論主婦、主夫，只要是家中掌灶者，必然會面臨變不出花樣，燒來燒去就那麼幾道菜的窘境。此時有兩個對策，一是看食譜找靈感，二是去不同的菜場買菜。

雖然我一向對食譜有成見，總認爲食譜的菜式太過複雜，做工、程序、配料都超過家常菜應有的便利標準，但是技窮時翻翻食譜，會找到一些組合搭配的靈感。每個菜場所賣的菜，雖說是大同小異，但將小異處善加運用，就可以變化出不同的菜色。

八：傳統市場我愛你

我一向喜歡逛菜場，特別是傳統市場，超級市場則乏味多了。走在傳統市場中，看著兩旁攤子上排列整齊的蔬菜、水果、肉類、海鮮，莫不以最挺拔、肥美、豐腴的一面向我自薦，頓時覺得心生喜悅，上天惠我良多，人生何其豐厚。

看閱兵、看選美的樂趣，都不及逛菜場。

菜場　我的香格里拉

當上家庭主夫就可以名正言順理直氣壯的進出菜場，何其幸也。

傳統市場簡直就是台灣的縮影，擁擠、熱鬧、吵雜、髒亂、新舊雜陳、合法與非法並存，亂中有序，親切而沒有禮貌。攤販可以在此逃稅、致富，消費者可以在此殺價、買到便宜的仿冒品，警察和流動攤販天天玩捉迷藏而互不厭煩。

我愛台灣，我更愛台灣的傳統市場。傳統市場簡直就是我的香格里拉。我對傳統市場的愛好，是沒有時間性、地域性的。

早在當兵時，就常逛澎湖縣馬公市的市場與台南市的市場。雖說當兵沒辦法自己下廚，得吃大鍋飯，逛菜場也只能乾瞪眼，不宜買，買了又如何燒。但我還是想出點子對付，「饞則變、變則通」。以電湯匙加熱電鍋內鍋（不知為何是電鍋內鍋而非有蓋的鍋子，或許是較便宜，符合勤儉建軍的要求）內的水，用以煮澎湖的花蟹，外加由大廚房A來的兩片薑，就鮮美異常了。用電茶壺可以煮花生、菱角，之後再用以燒開水泡茶，茶喝起來還分外甘甜。

消滅澎湖花蟹　解救台南鹹鴨

台南市市場口的鹽水鴨也是一絕（比台北縣金山廟口那家高明多多），肥而不膩，肉滑皮Q。晚間無事，出營門，搭公車，到市區，先找個老市區古蹟多的小巷弄閒步一陣，發思古之幽情。再轉到市場口，切個半隻鴨子，再搭公車回營區趕九點的晚點名。

唱完「我愛中華」，呼完口號之後，好戲就上場了。

先喝一壺茶清理口腔，並示尊重。吃美食前雖不必齋戒沐浴，但尊重之心不可少。一人吃四分之一隻鹽水鴨，份量正好。之後再喝一壺茶，讓鹽水鴨的鮮、甘、鹹，與茶湯的香甘，在食道中澎湃迴旋。這種「茶、鴨、茶」的順序組合，就像唱戲「一板三眼」，立法「三讀通過」，司法「三級三審」一樣，一絲不得苟。

就算談戀愛、度蜜月，也沒能減我逛菜場的興緻。食、色皆性也，不可偏廢。

有一次與當時的女友、現在的太太（與當時的女友、現在不是太太的人的一切記憶，早已消除，如錄音帶被消磁，E-MAIL被刪除，字母被DELETE般徹底，且無備份。這點凡已婚男性請莫失莫忘，勿怠勿忽）一起去新竹市、竹東鎮玩，除了逛新竹市的古蹟外，貢丸、米粉自不可少買，還去逛了菜場。

由於居民以客家籍爲主，新竹的幾個菜場都很有特色，像裝在玻璃瓶中很難取用的「福菜」，和五花肉一起煮湯是有名的客家菜，以及黑不隆冬燉肉的乾四季豆，在閩南人爲主要消費族群的市場，就難以買到。

度蜜月去阿里山，上山看日出自不待言，下山還沒忘了嘉義市的市場，記憶所及，好像筍乾的種類很多，還有櫻花梅。

逛菜場　全省走透透

每個傳統市場所賣的菜，雖說是大同小異，但這個「小異」就是無窮樂趣之所在，讓我每去一個不同的傳統市場，都懷著探險、尋寶的心情。

好比說台北市的東門市場、南門市場，在外省口味菜的材料、配料方面較齊全，如供清蒸的臭豆腐、酸菜白肉火鍋的酸白菜。南門市場的熟菜更是一絕，想偷懶時不妨買現成炒好加入豆乾丁、肉丁的炸醬，再買現成炒好的醃酸豆丁，生的手工拉麵，外加一把小白菜，回家一煮就是炸醬麵，口感、咬勁都是一流的。萬華的三水市場則有其傳統老市區的特色，台式醬菜很可觀，土羊肉、泥鰍、甲魚更是新鮮。

市郊的木柵市場，不時能買到一早才摘的川七、過貓、山蔬、龍鬚菜等野菜，是我這個家庭主夫打野食的最佳去處。四、五月時，木柵市場還有野薑花，買兩把回家，不僅家裡一片山林野溪的清香，車子裡也是香的，那情境勝似「踏花歸去馬蹄香」。

六、七月則是木柵山區竹筍盛產期，木柵市場又多是農婦自種自售的竹筍，新鮮又價廉，不論做沙拉涼筍，筍子雞湯（千萬別忘了放醃鹹冬瓜），紅燒豬肉、筍子、黃豆，皆大宜。

順道還可彎去木柵觀光茶園，買文山包種茶或是木柵鐵觀音。我有一家熟識的茶農，我向他買茶，向他討水（山泉水泡茶茶味特甘，用於洗車則烤漆分外光亮）洗車。洗完車、打完蠟，已經一身大汗，他正泡好了茶等我喝茶、聊天。買菜、買茶、洗車三件事，就這麼被我輕鬆寫意的畢其功於一役。

以上說的是零售市場，還有批發市場，像環南市場與濱江市場，此兩大市場不論水果、蔬菜、肉類、海鮮皆備，價格較零售市場爲低。環南市場太久沒去了，已記不得有何特殊之處。濱江市場有一攤的生魚片新鮮又便宜，三百元一盒，有鮭魚、油魚、鮪魚、紅鯛等，還附芥末與蘿蔔絲，同樣的份量，在日本料理店八百元還吃不到。

田螺也是濱江市場的「名產」，台灣的市場能買到田螺的已經不多了。田螺不論上海式的加豆瓣醬炒或是台灣式加九層塔烏醋炒，配啤酒都是一流的。

差點忘了，還有漁港。我全家皆愛吃海鮮，我舉凡海鮮則無一不愛，太太吃螃蟹吃到膽固醇過高，兒子一粒海瓜子配一口白飯，一會兒就吃掉一盤。光在市場買海鮮太不過癮，漁港則既新鮮又價廉。舉螃蟹爲例，同樣大小的花蟹，市場賣的雖名爲活蟹，其實頂多處於垂死掙扎狀態，漁港賣的才眞是生猛，價格不過市場的七成左右，符合我們海鮮家庭的需求。

富基漁港、八斗子漁港，距台北市不算太遠，海鮮價廉物美，特別是富基漁港的紅鮒，八斗子漁港的鱆魚。前者魚販會爲你處理好，一魚兩吃，頭尾煮湯，肉做生魚片；後者只要煮熟沾大蒜醬油膏，味道就鮮美異常了。這兩處的漁港除了賣活海鮮外，還有攤子代客烹調，在海鮮售價外，再加一點兒烹調費，價格不高，只是用餐環境不是很理想，我一向都是帶著冰桶去，買好了立刻回家烹調享用，一樣不失原味。

野柳則不但有花蟹、三點蟹、石蟳，還有燒酒螺，都是我們家的最愛，我們曾創下一年暑假七遊野柳的記錄，全爲了海鮮而來。回程，車後座的太太、兒子不時發出嗤嗤聲，兒子還邊說：「眞是辣的過癮。」，他們已經忍不住到家，就吃起燒酒螺了。

寫這段菜市場經時，感覺自己有點像霸著卡拉ＯＫ麥克風一首接一首不放的人，也不管是否虐待了別人的耳朵。嗜吃貪喝如我者已經不多，還愛逛菜場者更應是小眾中的小眾，有多少人有興趣聽我的菜市場經呢。但我只要一提起菜市場，話匣子就關不起來。唱卡拉ＯＫ難免會碰到霸著麥克風不放的人，讀書也難免會碰上我這種愛逛菜市場的痴人。

九：賤夫的時間管理

當你覺得自己有的是時間的時候，就意味你將大量的浪費時間。

在外人眼中，不論主婦或主夫，都是閒人，也就是時間很多的人。做爲主婦或是主夫的你，如果也跟外人一般見識，眞以爲自己時間很多，那就毀了。

家事既然是永遠做不完，家庭主夫當然是永遠也沒有空閒的時間，時間絕對是永遠不夠用的。雖然持家不需要摳到將一塊錢掰開當兩塊錢用，但嚐試將一分鐘掰開做兩分鐘使用，絕對是值得有心進德修業或是偷懶摸魚的家庭主夫努力的。

對口單位營業時間表

依據我實際操持家務的心得，要做好時間管理，先要收集相關資料，製作一份「家務對口單位營業時間表」。家務的對口單位包括戶政事務所、地政事務所、稅捐機關、銀行（包括櫃台與櫃員機）、郵局（包括郵政與儲金部門）、證券公司、電信公司、電力公司、自來水公司、瓦斯公司、傳統市場、超級市場、量販店、百貨公司、醫院、家庭醫生、動物園、遊樂場等等。

請收集他們的營業時間（包括每週幾天營業，每營業天各自幾點至幾點營業），製作成表，貼在冰箱之類容易看得到又不會太礙眼的地方。如果能連對口單位的地址、電話、網站一併記載，當然更好。

有了這份「家務對口單位營業時間表」之後，身爲家庭主夫的你，就不會在與對口單位打交道時早到、遲到、撲空。當農曆初二、十六傳統市場公休日，你手提菜籃站在鐵捲門拉下的市場門口發呆時，那形象是很不專業的。有了這份時間表，你也才更容易規劃外出辦事的先後順序，在最短的時間，跑最多處單位，辦最多的事。

謀定而後動是很重要的。今天出去要辦那些事，去那些地方，各該帶什麼資料或是證件或是印章，地點順序該如何安排才省時、省路、省停車費，時間順序該如何安排才不會有空檔或來不及，請先在家裡規劃好，不要出了門，上了路才臨時抓蝦。

家人活動月曆

詳細的家人活動月曆，則是做好主夫時間管理的第二步。我一直覺得，沒有一種月曆的格式，符合主夫的需求。有一種桌上型供上班族使用的月曆，差強人意，但需要再加工。

主夫需要的家人活動月曆，規格是每月一張，一張不得小於六十乘五十公分，如此每天的記事面積才不會小於一百平方公分。在這每天一百平方公分，也就是每邊十公分的正方形中，再分成家中人口數加一再乘以三的方格。如家人有四人，則分爲四加一乘以三等於十五格。如四人爲父母子女，加的一則爲全家，乘以三則是上午、下午、晚間。

如此一來全家人在當日任何時段有那些該做的事，不是就「可能」一目瞭然了嗎？之所以是「可能」，而不是必然，原因很簡單，太太七月十四日下午四點要補牙齒，她不告訴先生，主夫又怎麼知道？所以說，全家人都有義務提供自己的行程給主夫，由主夫記載在此家人活動月曆上。屬於全家的行程，如地價稅繳納截止日，就由主夫負責提供記載。

只有事先記載在家人活動月曆上的行程，主夫才有提醒當事人的義務，也才提供接送等配合服務的義務。如此一來，家人間的權利、義務清楚分明，可以大大減少抱怨、嘆氣、不滿。主夫也才有更多更詳盡的資訊，用以預先規劃自己每一天的行程與家事安排的順序。

除了這兩項具體的工具外，要做好時間管理，就必須要靠家庭主夫自己的積極性了。愈積極的家庭主夫，愈善用時間，而愈善用時間的家庭主夫，愈積極。這是必然的良性循環。而時間管理愈鬆散的家庭主夫，必然是消極的，消極家庭主夫，自然無心於時間管理。這是必然的惡性循環。

參
家庭主夫相妻篇

一：夫以妻貴

身爲家庭主夫，雖然不需要做到「妻爲夫綱」、「婚後從婦」，但是培養「夫以妻貴」的心情，絕對是必要的。

因爲唯有你相信「夫以妻貴」、體會「夫以妻貴」，甚至是享受「夫以妻貴」的樂趣，你這個家庭主夫當的才眞正有價値。

「夫以妻貴」是家庭主夫的金科玉律，何也？由利她（太太）面言，來自先生的支持、欣賞、肯定、協助，絕對是太太工作的助力（構不成最大助力，最大助力是升官、加薪）。得不到來自先生的支持、欣賞、肯定、協助，絕對是太太工作最大的阻力。

最親蜜的人的諒解，不見得最最令人開心，但最親蜜的人的不諒解，絕對最令人吐血。所以，爲太太好，就該奉行夫以妻貴。

夫以妻貴　貴不可言　貴氣逼人

由利己（先生）面言，自己所從事的家庭管理，只是家人的後勤補給工作，連家人工作成果的後製作都談不上。太太的工作成就，是家庭主夫難得的間接（還不是直接）外顯成就，爲主夫的我，還能不與有榮焉嗎？

在外工作有成的太太的先生，就該像公子高中的書僮，少爺平安長大沒夭折的奶媽，當選候選人的樁腳，當選的副總統一樣，走起路來渾身都是驕傲。夫不但以妻爲貴，而且還貴不可言，貴氣逼人。

可惜的是，一般人中「畏己之不能，嫉人之有善」者，太多了。見不得別人好，更見不得別人不好。對外人如此，對「內人」也如此。寧可連自己一起糟塌，也要將枕邊人貶爲「賤內」。

許多先生壓根兒沒有想到過，自己的太太可能也應該是自己學習、欣賞、景仰的對象，自己的太太可能也應該是自己協助、付出、奉獻的對象。這是因爲他們受傳統兩性定位毒遺太深，沒把女性當做與男性平等的人，只把女性當第二性，視爲較第一性的男性爲低等。身爲男性，學習、欣賞、景仰的對象當然要是男性；身爲男性，協助、付出、奉獻的對象，當然要是男性。

尊貴的先生們：只要你們試著將平等的目光，投向你們的太太，你們不難發現你們的太太，擁有諸多偉大之處。

平凡中的偉人——你的職業太太

先別談你們的太太們在工作上的優異表現，首先她們已經戰勝了社會上女主內的刻板觀念，毅然決然的拋夫棄子，離開溫暖的家，走向人吃人的職場。她們走出去，不會比你們走回來輕鬆寫意，這點不偉大嗎？

如果你們以爲在職場上，因爲她們是女性，就會受到男性的照顧，工作會比較輕鬆，不會被主管修理，走到那裡都是「女士優先、LADY FIRST」，那你就大錯特錯了。

她們的性別，比較容易招致的不是照顧，而是性騷擾。她們至少要付出與男性同事相同的心力，才能維持較男性同事爲低的薪資水準。她們被視爲不宜承擔大責任，也不宜、不需要被升官的一群。男性在工作中談起太太、子女，被視爲愛家庭、有責任感；女性在工作中談起先生、子女，卻被視爲缺乏事業心、不夠進取。她們精明果斷，將被視爲男人婆；她們流露情感，又被視爲婆婆媽媽，就是那麼情緒化。她們身材普通，將被視爲有礙觀瞻，破壞市容。她們身材惹火，又將被視爲花瓶。她們開車，永遠被男性駕駛嘲笑，「笨女人，會不會開車。」，儘管她們的普遍駕駛道德遠高於男性，肇事率則低於男性。

盡管她們遭受職場上如此多的不公平對待，她們還是挺住了，這是多偉大的力量。這麼偉大的女性，恰巧正是你的太太，你還不應該夫以妻貴嗎？

二：家庭主夫要如何愛太太

家庭主夫處於最易於愛太太，也最難以愛太太的位置。

家庭主夫可以是太太的賢內助，他無微不至的照顧家庭，可以使太太全心投入工作而無後顧之憂，這種愛的價值超過甜言蜜語、鮮花、香水、巧克力、皮草。

然而，這種愛是點點滴滴的、是細水長流的、是習以爲常的，更是溫溫吞吞的。按月匯入帳戶的薪水，遠比不上股票一個漲停板來得刺激與立桿見影。久而久之，主夫與太太都會覺得，這種愛多一點、少一點，差別還眞不大。

做爲家庭主夫要對太太經常性的表示愛意，就要有化平淡爲濃烈的本事。當然，如果太太也能感受到平淡中的濃烈，那就省事多了，不過，這是不太可能的。人是「習焉不察」的動物，習慣了就察覺不到了。

所謂的化平淡爲濃烈，當然不是要你燒又辣又鹹的菜，泡喝了讓人睡不著覺的濃茶給太太吃喝，而是以細膩的心去料理家務，以細膩的心與家人相處。因爲唯有細膩中才能出現優雅、精緻、品味與平和、寧靜。唯有平和、寧靜的氣氛，才能放大太太對於幸福與愛意的感受能力。急切、粗糙、焦燥的心，只會引起太太心情的煩慮，是會降低太太對於幸福與愛意的感受能力的。

自愛才能愛人

當太太上班後，就是我充電的時間，我不但料理好家務，看了想看的書，聽了想聽的音樂，並且已經啓動過心中的垃圾焚化爐，將自己心中的垃圾與家人在前一天倒進來的垃圾焚化一空。在太太回家前，將自己的身體與心理，都置於最佳狀態，就像是與太太談戀愛時，要出門與她約會前是一樣的。

孩子的功課已經檢查過了，該寫、該背、該訂正的都解決了，該家長簽名的也簽好了。簡而言之，已將孩子打理好，隨時可以「接客」（這只是比方，我並沒有違反兒童福利法）。太太忙了、煩了一天，好不容易回到家，不想聽你唸小孩的功課，也不想看到髒的像小泥人的小傢伙，太太想看到的是打扮的乾乾淨淨的小天使衝上來擁抱，加上一句「媽媽上班辛苦了。」。

將家中先整理好，要煮的菜做好下鍋前的全部處理，湯先滾到需要的火候，這些自然不在話下。重要的是，要注意自己的服裝儀容，家居服也要乾淨俐落。男人不喜歡自己的太太是黃臉婆，女人也不喜歡自己的先生當了家庭主夫後就變成鬍子不刮，襯衫不燙的黃臉公。況且，身爲專業的家庭管理師，就該有專業的派頭，一定不能蓬頭垢面。

只問付出　不問回饋

對回到家的太太一定要笑臉相迎，噓寒問暖，但是絕對不要期待太太也能如此。太太果眞也能如此，就要抱著皇恩浩蕩的心情，在內心感激涕淋一番。

如果太太擺張臭臉，回到家東挑鼻子西挑眼，可絕對要視而不見、聽而不聞，來它個馬耳東風。因爲錯不在她，千錯萬錯都是她的變態的上司、愚蠢的屬下或是刁鑽的客戶的錯，否則就是超她車、搶她停車位的人渣的錯。

如果太太臨時加班，絕對不要抱怨，她已經必需要工作更長的時間，需要的是體諒、關懷和愛。如果太太晚上有應酬，甚至是「續攤」，不到晚上十二點，請不要CALL她，CALL她也只是要確定她平安，而不是要催她回家，那是她不得已的工作。如果你對太太不放心，只是反映你對自己沒有信心，沒自信的男人是不可愛的。

三：別讓太太吃定了

不是我對人性失望，而是我對人性太了解了。人與人相處，日久會生情，日久也會生輕，生出不自覺的輕忽、輕視、輕慢。當你是工作績效不明顯、成長不具體的家庭主夫時，你就處於可能被太太輕忽、輕視、輕慢的不利位置。

如果你的太太有這種傾向，或是已經如此，首先請不要怪她，不要惡言相向。換做你是先生，在外工作，而她是家庭主婦，你也可能如此，視她爲無知無識的婦人之見。

在傳統觀念裡，家事只是婦女用以交換三餐所提供的勞動，只能用以混碗飯吃。家庭主婦不但沒薪水，也沒人認爲她們的付出有經濟價值，所以形容家事，只有「主內」、「持家」、「理家」，沒有「家政」、「家庭管理」這類較專業的詞彙。

女主內，尚且一文不值，男主內，簡直就是倒貼。將一個男人，而且還是受過教育（已經被投資以相當時間與金錢），有過工作經驗（在外賺過錢的）的男人，放在家裡半閒置，久而久之，就算沒人嫌他，自己也不免會感受到尸位素餐、缺乏生產力（節流的貢獻不及開源的萬分之一）的罪惡感。

婆婆媽媽 自貶身價 嘮嘮叨叨 自取其辱

如果你不想被太太吃定了，認爲你就只是一個茶米油鹽的家庭主夫，而不再是一個有主見、有見識，可以依靠的先生。首先你必須不婆婆媽媽、不嘮嘮叨叨。

勤儉持家是值得鼓勵的，但是不要變成小鼻子小眼睛、小家子氣。當省則省，該花的要花，不要斤斤計較於小錢，不要處處都精打細算。除非太太已經到了揮霍無度，否則不要干涉她花錢，她有賺，爲何沒有花錢的權力。資本主義社會中賺錢的女性如果不花錢，女性會覺得生不如死，資本主義社會也會陷入經濟大蕭條。

不要用你的價值觀套在太太身上，她在賺錢，你沒有；她需要像樣的衣服，你不需要；她有一定的排場要維持，你不需要。所以，她花一千元，就等於你花一百元，算不了一回事。

先進的家庭管理是靠制度的建立，從而養成家庭成員的良好習慣，而不是靠主婦或是主夫跟在其他成員後面緊迫盯人式的嘮叨。主婦或是主夫的嘮嘮叨叨，只是十足反映他們說話毫無威信，一句話非要說上好多篇，讓聽的人聽到煩，才會去照話而行。會「聽話」是因爲嫌煩，而不是認爲你的話有道理，該照做，也不是因爲對你敬服或是畏服，不做不好意思。

少和太太談家務事

其次，也是最困難，但是最重要的，就是少和太太談家務事。夫妻必然要討論家庭事務、子女教育、家庭理財、家庭開支，身爲家庭主夫，並沒有大小家務事一概獨斷獨行的權力，很多事不但要徵求子女的意見，更要徵求太太的意見，但是請不要每天向太太報告流水帳。例行家務事，只要選擇其中重要的匯報太座，而且只要報告結果，過程可以省略。重大家務事，請徵求太太的意見，但是不要強迫太太做決定。

你要知道，太太上班一整天，已經很辛苦了，沒有精神也沒有興趣聽你的裹腳布。有績效的家庭主夫是不用如此來表自己的功勞苦勞的，疲勞轟炸式的表功，難怪太太會看輕你。

這並不是說，家庭主夫應該少和太太說話、少打擾她，而是請提昇你談話的內容。請絕對不要圍著家事打轉，大談你做家事的那些芝麻綠豆、小喜小悲，非必要請盡量少談家事。

更不要自認爲是旁觀者清，對太太的工作提出一堆意見。就算太太向你提起她的工作，目的也只在於讓你了解，從而更支持，或是向你傾吐，以爲發洩。

所以，就算她問你意見，也不要擺出一副好爲人師的姿態侃侃而談，更何況你不在其位，意見不是紙上談兵，就是不切實際。

與太太談話的內容，要避開家務事與太太的工作，談一些自己的學習與成長的心得，談談你最近在看什麼書，聽什麼音樂，談談你們都有興趣的事。如此你在太太心中，才能仍然是一個有主見、有見識，可依賴的先生。

四：信任太太百分百

夫妻互相負有忠誠的義務，這不但是法律的規定，也是社會上大致還認同的道德標準（支持吳姓歌手的歌迷們似乎是例外）。反方向看，夫妻也互相擁有要求對方忠誠的權利，不論夫與妻何方主內、何方主外，皆然。

傳統上，主外的男性被視爲是出軌、外遇的高危險群。而這些男性也「不負眾望」，想盡辦法總要名實相符一番，否則何以滿街的酒廊、賓館。當主外的是女性時，情況又如何呢？女性不容易像男性一樣慣性的逢場作戲、一時興（性）起，不會被視爲出軌、外遇的高危險群，但是這並不表示，她們對主動的出軌、外遇完全免疫。此外，她們還比男性多了兩項被動的困擾——性騷擾與性侵害。

人比人　嚇死人

身爲家庭主夫，太太上班之後，你要如何自處？太太今天上班會遇到那些人你知道嗎？這些人人品如何？外表如何？身材如何？談吐如何？學問如何？財富如何？地位如何？比你強還是比你差？太太晚上會跟那些人應酬？會不會喝酒？太太喝了酒自己回家比較危險，還是別人送她回家比較危險？爲什麼太太最近加班愈來愈多、回家愈來愈晚，人看起

來卻更精神、更美麗？爲什麼太太昨天笑嘻嘻的向你轉述她聽來的黃色笑話？她以前聽到黃色笑話，反應都是不苟言笑的。爲什麼太太對她一向最愛吃的「客家小炒」，前晚反應冷淡？

讓我來告訴你答案。你太太今天上班會遇到很多人，而你只見過其中的少數，在你沒見過的多數人中，你聽過姓名與未來會聽到姓名的人，也只是少數。這些人中，有的人品比你高尚、有的外表比你英俊、有的身材比你強健、有的談吐比你風趣幽默、有的學問比你淵博、有的比你財大、有的比你氣粗、有的擅長對女性甜言蜜語、有的專精爲女性按摩。

但是，這些人中，沒有一個是「你」，絕對獨一無二的「你」。髮線有點退、小腹有點凸、讀書不求甚解、有點小聰明、菜燒的不錯、還蠻善體人意的，這就是獨一無二的你，就是當初你太太愛上的你，也就是你太太現在雖然不滿意還可以接受的你，也就是如果膽敢對她不起，她一定跟你拼命的你。

不是羊入虎口，而是虎入狼群

再讓我告訴你第二部份的答案。你太太晚上應酬的人，有的會開黃腔，有的會動手動腳，他們在一起應酬一定會喝酒。你太太喝了酒自己回家與別人送她回家一樣危險，也一樣安全。

但是，你太太既丰姿卓約又精明幹練，既正氣凜然又自信專業，令人既敬又畏。會開黃腔的，在她面前說話都結巴了，會動手動腳的，在她面前手足無措，自命風流的，在她面前自慚形穢，你太太和他們在一起，不是羊入虎口，而是虎入狼群。你太太喝了酒自己回家，與別人送她回家一樣安全，只要開車的人不喝酒，喝酒的人不開車。

第三部份的答案必然是：公事愈來愈多，自然加班愈來愈多；應酬愈來愈多，自然下班愈來愈晚；你沒聽過「認眞的女人最美麗嗎？」；她現在對黃色笑話已經免疫了，以前她聽了偷笑，現在則光明正大的笑；你就指望一道菜打發她一輩子嗎？你也太殘忍了吧，再去多學點兒菜。

領導統御學云：「疑人勿用，用人勿疑」，同理挪到婚姻上，就該是「疑人勿娶，娶人勿疑；疑人勿嫁，嫁人勿疑」。法律最基本的精神則是，「除非能證明我犯法，否則我就是無罪的。」。前者是告訴你，不要懷疑你的太太，後者是告訴你，除非你能證明你太太出軌、外遇，否則她就是清白的。

會疑神疑鬼的家庭主夫，基本上是沒自信的先生，既自取其辱又侮辱了太太。對太太的信心，只能是百分之百，不能是百分之九十九（曾子的母親對曾子的信心是百分之九十九，所以當她第三次聽到別人說「曾子殺人了」，她也開始懷疑曾子了）。

知錯能改，善莫大焉

萬一你太太眞的笨到像某些人，搞外遇非留下白紙黑字不可。那你何不學學他們的太太說一句：「人非聖賢，孰能無過」？人家公眾人物都能糗到無以復加的召開記者會坦承走私，也能「幹」在心裡口難開的公開原諒先生。一般小夫妻還有什麼話說，「知錯能改，善莫大焉」。

這並不純然是玩笑話。現代人面對的是人慾與物慾橫流的社會，稍一把持不住，就有出軌的可能，其實並沒有強烈的外遇的需求，只是一時因緣際會，事過則情遷。這並不是在為出軌、外遇開脫，而是在為原諒出軌、外遇鋪路。感情、婚姻、家庭都得之不易，同樣的失之亦不易，要結束感情、婚姻、家庭，付出的代價遠大於原諒、重新接納曾經逾矩的配偶。

肆

家庭主夫教子篇

一：是父親不是男傭

當家庭主夫的一大樂事，就是你將有較充裕的時間與較閒適的心情，陪伴子女的成長。

觀察、協助子女成長，是做爲父母最大的快樂，家庭主夫遠比上班族父親更能享受到其中的快樂。當然，做爲家庭主夫，就必須要「父兼母職」，全程負擔照顧、教育子女的責任，比上班族父親負更多的責任。在此，我們可以發現，要享受權利則必須要盡義務，要享受更多的權利就必須要盡更多的義務。

教育子女的最終目的——獨立

要勝任父親同時也是家庭主夫的角色，首先你得要想清楚，你照顧、教育子女的最終目的是什麼？

你可能會希望他們能健康快樂的成長、具備知識、有工作的能力、有傑出的工作表現，甚至是有名望財富，可以光宗耀祖或是回饋父母；你也可能只希望他們快樂成長就好，將來要如何就隨他們的便。

以上的答案雖然很普遍的存在於父母心中，但不能說是正確的，除非你奴性堅強，非當一輩子的「孝子、孝女」不可，否則你應該要調整自己照顧、教育子女的最終目的。

正確的照顧、教育子女的目的，應該是讓他們儘早且順利的脫離父母而獨立，獨立成爲社會所需要的健全的成員。就如同爲父母的你我，現在所扮演的社會成員的角色一樣。不論爲父母的你我，是不是社會所需要的健全的成員，起碼，社會可是在期待、要求你我是一位健全的成員，社會也正在期待你我的子女未來是社會所需要的健全成員。

既然我們都是社會的成員，有一致的同理心，我認爲你很難找到合理的理由，否定我「教育子女最終目的——獨立」的主張。如果你認同我的主張，讓我們一起想想，如何才能讓子女儘早且順利的獨立，脫離我們。

培養子女健康的身心

培養子女健康的身體與心理，絕對是「促獨」的第一步。

身體與心理是分不開的，衰弱的身體無法支撐強健的心理。而健康的身體源於均衡的營養與運動，不是源於垃圾食物與電視、打電動。最簡單、最省事、最討好，也是最糟、爲禍最烈、最不長進的照顧小孩的方式，就是提供他們垃圾食物、縱容他們看電視、打電動。

所謂的垃圾食物（又可稱爲電視食物，一是指食物適合邊看電視邊吃，二是指在電視上常可以看到這類食物的廣告），是指調味過度的、加工過的、過於精緻的、高脂肪的、大做廣告的、送小玩具或貼紙之類東西的食物。現代的父母不提供子女垃圾食物，就像古代的父母不提供子女鹹菜配雜糧裹腹一樣，是不稱職、不道德、沒良心的父母。

一包的垃圾食物可以使父母換得十分鐘至一小時不等（視孩子德性而定）的寧靜，一包垃圾食物可以使你的孩子同意寫一頁至四頁不等的國語習作（視你們之間的交易行情而定），一包垃圾食物可以使你的孩子破涕爲笑，一包垃圾食物可以使你的孩子獲得友誼或是失去友誼（視你的孩子與他的朋友分享垃圾食物與否而定）。而一包垃圾食物可能只要十元，三十元一包的就很像樣了。

垃圾食物會導致肥胖、高血壓、多種癌症，常吃就等於慢性自殺。以垃圾食物爲孩子的鼓勵、獎勵、安慰或是社交工具，則會使孩子看不清楚事實的眞相，無法發現學習、努力所得的成果和樂趣，也無法正確的看待失敗與挫折，當然更無法獲得眞正的友誼。

所謂的縱容子女看電視、打電動，是指一天讓子女看一個小時以上的電視、每看半小時沒有五分鐘的休息、所看的節目未經你同意或陪同觀看，以及每天打電動（包括掌上型電玩或電視遊戲、電腦遊戲）超過一小時、每打半小時沒有五分鐘的休息、所打的遊戲未經你同意或陪同觀看。

只要有以上情形之一，就算是縱容。小孩不看電視卡通，不打電動玩具確實會構成與同年齡小孩交往的困難，將因缺乏共同的話題而遭其他的小朋友排斥。卡通與電玩遊戲的內容，也不盡然是毒蛇猛獸，只要經過父母的挑選。每看或打半小時，休息五分鐘，當然是爲了眼睛，雖然執行上不太容易。父母總要在傷感情的嚴格執法，與戴眼鏡的小孩兩者間，做一個選擇。

會玩的孩子才會學

如果卡通與電玩遊戲的內容，不盡然是毒蛇猛獸，何以每天不宜各超過一小時呢？這純粹是我個人的觀察所得，卡通與電玩是全然被動的娛樂、被動的玩

（隨電視卡通畫面而笑、緊張、大叫，這種娛樂何主動之有？隨電玩程式的進行做反應，增強的只有反應力而沒有創造力），小孩接觸過久，會喪失主動娛樂、主動玩的能力，會喪失克服主動娛樂過程中所遭遇困難的能力。

對於小孩來說，學習應該要是較嚴肅的娛樂，娛樂應該要是較輕鬆的學習。玩，就是小孩的主要學習方式，玩，就是小孩發現自己、認識世界的敲門磚，特別是對小學畢業前的小孩。

一般而言，許多父母都忽略了玩，特別是持續有創意的玩對孩子的重要性，以及玩與學習間的關連性。

玩並不簡單，對大人與孩子都一樣，玩需要想像力、創意、技巧，以及最難能可貴的克服挫折（當玩具不能配合自己想像或是要求時，或是自己不能隨意操縱玩具時）的能力。只會打麻將的大人與只會打電動的孩子有什麼不一樣，同樣都是不會玩。

學習需要技巧、舉一反三與觸類旁通的能力、克服學習挫折的能力，這與玩所需要具備的能力十分相近。所以我大膽的假設，會玩的孩子才會學，而只會看電視、打電動，不懂得主動玩的孩子，也必然不懂得主動學。

健康的身體不會必然的造就出健康的心理。

子女健康的心理來自家庭足夠的愛所給予的安全感，祥和的、愉快的、幽默的家庭氣氛所培養出的平和、開朗個性，被要求負責、對家庭付出、被家人讚美所帶來的自信，家庭對知識的肯定與提供所培養的求知慾。

一個有安全感、自信心、求知慾，個性又平和、開朗的小孩，已經具備了獨立的條件。

權利與義務

表面上看，對子女的教育觀，似乎與家庭主夫的職務沒有直接的關連。事實上，如果你的子女教育觀不正確，你就不可能成爲快樂的家庭主夫。

權利的行使與享受，一定要伴隨著義務的承擔與付出，你的父母如此，你與你的太太也莫不如此，你的子女當然也沒有理由不如此。只要你的子女有能力做的事，就該由他們自己做，不論做得好不好，或是你代他們做會比你收拾他們自己做的爛攤子更輕鬆。

精明幹練而又事必躬親的主管，只會累死自己，造福一堆低能的部下。對子女照顧或是監視得無微不至的父母，只會累死自己，造就出呼奴喚婢成性的低能小霸王。

父母必須要讓小孩了解，這個家是大家的。家中的每一成員都有義務要以不同的方式爲這個家付出，然後才可以名正言順的享受家所提供的一切。這種道理小孩要理解並不容易，聰明的小孩甚至會抗拒理解。這就需要父母一致的、一再的提示。如果小孩眞的無法理解或是始終抗拒理解，也完全無妨，只要將小孩需要自己打理或是分擔的工作，規定清楚，不執行就削減他們的福利，像看電視或是買玩具，他們終將就範。

只有讓小孩儘早了解，不盡義務就不能享受權利的道理，他們才能懂得負責、合作、自律。如果你強烈期待所身處社會上的成員，無一不是負責、合作、自律的，那你就沒有理由不要求自己的小孩也是如此。這個道理很簡單，很好懂，很難做到。對我如此，對你應該也一樣。

二：子女永遠同時需要父母

不論你是多麼稱職的家庭主夫，不論你花了多少心血在孩子身上，不論你的孩子與你的互動有多良好，請千萬記住，子女永遠同時需要父母。

在教養子女的路上，你不能獨行，不能缺乏你太太的陪伴。不論她是精明幹練的女強人，或是她忙碌到一年有半年出差在外。

一個只有父愛或是只有母愛的小孩，不容易會是一個幸福快樂的小孩。而一個只能向父親或是母親學習的小孩，也很難是一個人格健全的小孩。

子女永遠同時需要父母，就如同父母永遠同時需要配偶與子女。可是很遺憾的，不論父、母都容易有一種傾向，那就是當自己對子女的付出，大大超過配偶時，就會不自覺的將子女當做自己的私產。

矛盾的陷入既期待配偶對子女能多所付出，又抗拒配偶對子女的付出陰暗心態中。既期待配偶與子女能有良好的親子關係，又視配偶與子女的良好互動為不勞而獲而憤憤不平。簡單的說，就是為了子女與配偶爭風吃醋，在子女面前與配偶爭寵。

你比較愛爸爸還是比較愛媽媽？

身為家庭主夫，不但不要在子女面前說太太的壞話，也不可以流露出對太太絲毫的不滿或抱怨，或是明示暗示自己對子女的愛與關懷，超過太太，也不要問「你比較愛爸爸還是比較愛媽媽？」這種既缺乏自信又陷子女於不義的笨問題。

身爲家庭主夫，反而要主動安排、協助太太與子女的愛的互動，甚至是擴充、誇大太太與子女的愛的互動。

舉例說，當太太太忙或是不在國內，而忘記子女的生日時，你就應該代替太太爲子女買生日禮物，以太太的名義送給子女。當太太生日時，也別忘了要子女給母親寫張生日卡，買個小禮物，不論他們是不是已經三天沒見到母親了。

在這種時候，家庭主夫的立場與職責，其實有一點類似太太的秘書，暫時把自己與太太的夫妻關係放到一邊，以太太秘書的立場，完全以太太的利益爲出發、來設想。

做太太的家庭秘書

其實，一個忙碌於主外的太太，非常需要一位家庭秘書，這位家庭秘書的工作有別於在外工作上的秘書。家庭秘書只負責太太的家庭事務，如提醒、代爲安排婆婆生日，提醒、代爲探親住院的姨媽。如此才能避免女強人的太太，因爲工作而六親不認。

雖然我是稱職的家庭主夫與父親，照顧小孩的事我樣樣在行，而且樂此不疲，不論換尿布、餵牛奶、教功課、玩「樂高（LEGO）」。太太在家，除了需要休息、安靜，往往還有公務電話要連絡，有公文或資料要看，能陪伴小孩的時間並不多，但卻需要我這個主夫端茶倒水、捏腳搥腰、尋這找那的。太太不在家，少一個人需要招呼，對我而言反而輕鬆。

但是我的內心深處卻很清楚，在照顧子女這件事上，我其實是倚賴太太的，儘管她幫助有限。她的存在，就是最大的幫助。有她存在，我才能樂此不疲的照顧子女，否則我將心力交瘁，可愛的子女也將變成磨人精。

因爲，沒有太太就不可能出現家庭編制內的子女。我是先有太太才有子女的，先愛太太才愛子女的。跳過愛太太，直接愛子女，是殘缺的，是遺憾的，是難以爲繼的。家庭成員間的愛，必須是交錯的，中間少了一根愛的互動線，都可能會導致家庭的解體。

三：家庭主夫創意親子行

在我的觀念裡，子女永遠學習的慾望與主動學習的能力，比他們已經學會的知識的量更重要。也可以說，我重視子女釣魚的技術，勝過他們手中有幾條魚。

人的一生中，雖然只有短短數十寒暑，但是外界的世界與社會的變化，與自己角色扮演的轉換與職業性質的改變，都是難以預料的。不論家庭或是學校教育，都不可能提供一個人，一生中所需要具備的解決任何問題的知識。事實上，眼下的家庭與學校教育，根本不知道他們所教育的孩子，未來可能面對的所有問題是什麼，當然也就無從提供解決所有問題的所有知識。

學習是一輩子的事

只有永遠的求知慾，能使人持續成長。只有主動學習的能力，才能使人一再的面對問題、解決問題。

將如此的教育理念，運用到實際生活中，可發現我這個家庭主夫，就與孩子同學的家長們不太一樣，永遠不把孩子送到安親班是必然的（安親班的名字取得實在是難得的名實相符，它只安了親，讓雙親能在子女下課到自己下班這段時間，成功躲避子女的干擾；但並沒有安子或女，子女下課後不能回家，看不到親人，何安之有），也沒把孩子課後的時間排滿，又是英文、心算，又是鋼琴、柔道，外加直排輪鞋、游泳。

先別提如此填鴨能否造就出十項全能，眞的造就出十項全能的亞洲鐵人，還難保他老了不會淪落到當乩童。常見的填鴨結果是，貪多嚼不爛。孩子變得樣樣有興趣樣樣不專注，樣樣精通也樣樣稀鬆，家長的時間則被不斷的接送等待給切碎。孩子長進不大，家長不大長進（只要聽聽才藝班教室門口，等孩子下課的媽媽們的話題，皆離不開先生、子女、貓狗、衣服、打折、減肥，毫無進德修業之言，就知道我所言非虛。我每次等孩子上英文，都帶本書看，以示與那些言不及義的太太們有別）。

英文非學不可，除非你希望你的孩子未來自絕於世界。孩子察顏觀色的功力是渾然天成的，父母的立場堅定，孩子才會全力以赴。對於英文，我就擺出一副天經地義不容討價還價的態度，孩子也從來沒動過不想學英文的念頭。

直排輪鞋與游泳，我孩子是無師自通，當然沒有專業的水準，與正式上過課受嚴格訓練者有別，但只要不會摔跤與淹死，足堪自娛而不自誤，不也足夠了嗎。

另外，我爲孩子選擇了陶藝，倒不是我獨厚陶藝，而是我非常肯定那位陶藝老師的教學方式，他只教導技術，絕不教導造型與色彩。我認爲只有如此的教學方式，才能使存在小孩身上難能可貴的創意，加以保留和發揮，否則只會使小孩變成「影印機」。照片絕對比圖畫來得逼眞，但是圖畫絕對遠比照片來得有藝術價值。

別讓孩子成爲影印機

我確定我孩子很有美術天份。他繪畫的技巧與創意都很傑出，對繪畫也充滿興趣與精益求精的耐心，可以持續畫上三個小時，而且是在六歲時。我與太太所做的，只有提供紙張畫筆、稱讚並收藏作品。

孩子就讀的小學，自三年級就設有一班美術資優班，我不免心動（誰不想當資優生的爸爸？）想讓孩子參加甄試。恰巧隔壁鄰居的太太就是孩子小學的老師，就近請教之下，才知道要通過甄試必須要先上補習班，而且還只能是學校對面巷子裡，由退休的美術資優班老師開的那家，目前該校美術資優班的學生，統統都在那家補習過。

乍聽之下，還以爲補習班與學校主持甄試者有勾結（眞有勾結或許對於美術資優生的傷害還小一點），其實只是雙方對於何謂藝術的觀點完全一致而已。我帶孩子去上了一次課，才知道美術能變得如何的八股。該補習班的教學方式，就是出一個好比是「河畔夕陽」的題目，然後拿出一張畫得十分豐富（河畔堤岸上楊柳搖擺遊人如織，還有小孩、小狗、小販，夕陽在天邊倒影在水面）的範例，叫學生照著畫。老師則從旁指導，教學生如何才能畫得像範例。換言之，那張範例，就是「河畔夕陽」的標準答案。如果畫成了「孤舟簑笠翁，獨釣寒江雪」，那就只有名落孫山的份。

我瞭解我們的美術教育竟然是如此的毫無美感可言之後，立刻打消了讓孩子報考美術資優班的念頭。直到現在，我孩子的美術，在全班同學中，一直都是最好的，技巧愈趨純熟，且仍然保有創意。

自己動手找答案

此外，我就沒讓我孩子再學什麼了。我太太為孩子買了大量的課外書，主要是科學與動植物的百科全書，當孩子遇到感興趣的事或是問題時，就鼓勵他向書中找資料或答案。主動向書中尋找答案的習慣，將使孩子終生受用，而查百科全書就是很好的開始。

我孩子曾經迷過蛇、恐龍、烏龜、穿山甲、土狼、鍬形蟲等動物。他迷的方式是在那一陣子拚命找那種動物的資料，將家裡不同版本的百科全書中，介紹那種動物的資料通通翻出來，加以研讀、比較，然後開始畫那種動物的畫。在那一陣子，他想像的故事中的主角，一定是那種動物。國語習作造句題的主角，也一定是那種動物。在那一陣子，就會經常要求我陪他去動

物園看那種動物（台北市木柵動物園有恐龍館），或是到木柵山上抓鍬形蟲。

他那種瘋法，如果也是一種治學態度，我必須承認他的治學態度很嚴謹。

我太太比我好學也有學問，所以她負責爲孩子選購書籍，我比較愛玩，於是負責爲孩子選購玩具。

組合玩具激發創意

我爲孩子買了大量的「樂高」（LEGO）組合玩具。我完全無意爲「樂高」做廣告，但它絕對是組合玩具中品質最好、精密度最高、設計最具變化的。只有組合玩具才能激發孩子的創意與三度空間感，其他固定形狀甚至是固定玩法的玩具（例如隨電影或卡通而流行的玩具），我是能省則省，不得已買下，也是唯恐孩子與同學缺乏共的話題。

在此要澄清，不論課外書或是「樂高」，都不需要大量，父母親能抽空唸床邊故事或是一起玩玩具，都比量來得珍貴。我家這兩項之所以大量，是因爲大人的喜歡。

我有一項發明，經常介紹給我孩子同學的家長。這項發明雖然未必能申請專利，但起碼生產「樂高」的廠商該頒獎給我。

一盒「樂高」，如果只按照盒中所附的說明書按步就班組合好，就擺在那永遠展示，就失去了發揮創意的機會，等於只使用了「樂高」價值的百分之十，其他百分之九十的價值都被閒置。

「樂高」眞正的可貴之處，應該在於孩子可以利用所有的零件，不按照說明書來發揮自己的創意，做出自己想要的東西。但是「樂高」零件的種類甚多，形狀不一，當一組拆散之後，零件可以多達五、六百件，如果有幾組，零件可能成千上萬，要找到一個特定零件，時間可能短到一秒，也可能長達十分鐘，甚至根本找不到。

不要說孩子，大人也不可能有耐心一再重覆在零件堆中翻來覆去尋找特定零件的動作，再好的創意也會被找不到零件的挫折感徹底打敗。

爲孩子分類「樂高」

我的解決辦法是，購買水電工用的工具箱，將「樂高」零件分類。最下一層（原設計用以放釘槌等工具的部份）放大件的零件，上面一到二層劃分爲一小格一小格的部份（原設計用以被不同規格的釘子的部份），就分類放置較小的零件。

當孩子的「樂高」愈買愈多，零件的種類與單樣的數量也隨之增加時，我就重新安排分類零件在工具箱中的位置，或是增加工具箱。而位置的選擇與安排要依照你與孩子共通的邏輯，如此一來，孩子可以在最短時間，準確的找到他所需要的特定造型的零件，他的創意完全不會被打斷。

當然你要花不少時間來做分類的工作，但是比較你看到孩子充滿創意的作品，與聽到孩子因找不到零件而哀聲嘆氣，你會確定付出的時間絕對是值得的。

四：非假日的親子遊

如果你不想塞在高速公路上，不想排隊等上半小時才能玩的上兒童育樂中心的摩天輪，不想你的孩子與十幾個小孩擠著摸動物園可愛動物區的小羊的頭，不想當游泳池中的餃子、湯圓，何不試試在非假日與孩子出遊。你會發現，台灣許多旅遊點的品質其實並不差，只是假日如蝗蟲過境遮天蔽日的遊人，降低了它的品質。

乘興而去　敗興而歸

我曾經在夏天的週日，全家去陽明山避暑。前山公園的人潮，不亞於電影院散場。公園步道上行人，可謂摩肩擦踵。就連走在草地上、樹叢間，都得小心別踢翻了別人的野餐，踏到別人的腳。不用說，自然是乘興而去，敗興而歸。下山的車流一路回堵到文化大學，由文化大學到山下的芝山岩，整整走了兩個小時，全家人一路「幹不絕口」，敗興到家。

我也曾經在非假日的週一上午帶孩子去木柵動物園，不要說遊客少，就連假日充塞園門口的攤販也不見蹤影，使我免除了拒絕孩子購物要求的困擾。走進園內，遊客比清潔工作人員還少，想看什麼動物，儘管看，不用擠也不用等。身旁沒有別的遊客，覺得籠子裡的動物與自己的距離都拉近了。走進鳥園，孔雀就在跟前自由自在的漫步。這眞是何等體驗？何等享受？新加坡的聖淘沙都比不上。

蹺課——自辦式的校外教學

非假日如何親子出遊？你是家庭主夫當然是天天星期天，但孩子不用上學嗎？很簡單，讓他蹺課不就成了。

如果你的孩子在國中二年級以下，一學期蹺個三、五天甚至一週的課，沒有什麼大不了，缺的課業你可以教他。學校不是也會舉辦校外教學活動嗎？你們的蹺課出遊，其實只是自辦的校外教學活動，何其正當？

更何況等孩子再長大點，難免會有想蹺課的念頭，或是眞的蹺起課來。童年你帶給他的蹺課經驗，可能會使他因缺乏新鮮感而打消了念頭，也可能使他在蹺課時知道該從事些正當的活動。

如果是出國旅遊，淡旺季的機票價格會相差到百分之三十以上，旅館費用也是如此，而且皆需在相當時間前預定，如果臨時起意一定是一位、一床皆難求，根本無法成行。國內風景區旅館的週末與非週末價格，也有相當差異。蹺課出遊可以避開旅遊旺季，節省旅遊費用，便利買車票、買機票、訂旅館，又可以獲得較高的旅遊品質，一舉數得，何樂不為。

共創親子美妙回憶

我曾經與孩子，並肩坐在玉山鹿林山莊到排雲山莊間的山徑上，向開闊的群山間舉目眺望，數十平方公里的山林儘收眼底，但除了我們父子倆，看不到第三人。一下子簡直懷疑自己是不是在台灣，二千三百萬人都不見了。那種父子間的緊密貼近，不僅是身體的，更是心靈的。讓我一下子就想到好多好多的問題，圍繞在我與我孩子間的問題。原來親子的關係是那麼莊嚴、神秘、深沉而不可言說。

如果你是家庭主夫，千萬別放棄與孩子蹺課出遊的機會，蹺幾天課不會影響孩子的學習。我們的學校教育沒有那麼偉大，你的孩子也有足夠的聰明。勇敢蹺課出遊，為你們親子之間，創造一些永難忘懷的回憶。

伍

家庭主夫長進篇

一：家庭主夫的終生學習

「三日不讀書則言語乏味，面目可憎」，古人標準實在太高了。以此標準衡量現代人，則言語有味，面目可愛的，恐怕只有學生了。

奉勸也是自勉，身爲家庭主夫，不但不能停止學習，而且還要比上班族更加努力的學習，否則雖面目未必可憎但言語必然乏味。

認眞學習的主夫最英俊

身爲家庭主夫，家事多做一點不會出現具體的績效，少做一點也不會出現立即而明顯的危機。與教育相比，家庭主夫才眞正是良心事業。良心的維持，要靠自律與自干寂莫。只有自律才不會使自己婆婆媽媽，自甘寂莫才不會觀望外面的花花世界，才不會自認埋沒人才，才會肯定自己從事家庭勞務的超凡價值。

而自律與自干寂莫的基礎，就在於學習。因爲唯有自律的人才能學習，學習中的人才更能自律；自干寂莫的人才能夠安心學習，學習中的人也才能抗拒花花世界的引誘。

如同家庭主婦一樣，家庭主夫經常得不到家人足夠的關愛，所以自己一定不要吝於關愛自己。身爲家庭主夫千萬記得要經常性的關愛自己。關愛自己，你才有能力關愛家人。關愛自己，就要讓自己變得更可愛，讓自己變得更有價值，所以學習就是關愛自己的最佳方式，吃喝玩樂則與關愛自己無關。

能夠閉門造車而有所成就的，只有大師的閉關。關在家裡抗拒學習的家庭主夫，是不會有長進的。

久而久之仍不學習的家庭主夫，就很難再與上班族做朋友，「主夫經」、「爸爸經」是不耐聽的。更進一步，連言語、行為、思考模式、價值觀都很難跳脫出婆婆媽媽，於是讓太太也不怎麼瞧得起，子女也找不到你有何可敬畏處。接下來就是自輕、自厭、自暴自棄，雖絕不至於自尋短見，但既碌且庸是必然的。

雖然說，家庭主夫是最需要學習的職業，但很可惜的是，家庭主夫與學習，基本上是矛盾衝突的。

老狗難學新把戲

我們成長過程中所獲得的一切有關學習的概念都告訴我們，讀書是學習的唯一形式，讀書的目的在於考試，考試的目的在於升學，升學的目的在於就業。所以我們已經習慣將學習的年齡自我設限，家庭主夫的平均年齡，不但早就該大學畢業，就連唸碩士、博士都嫌大。老狗學不會新把戲，老狗也不該學新把戲。

有目的的學習雖然不是學習的最高境界，但目的卻往往是推動學習的最大動力。家庭主夫的學習，雖然不能說是沒有目的，但是目的卻是依稀緲茫的，遠不如期末考、托福、升等考來得明確。

學習應該是不拘場地、形式、時間的，但是沒有固定的場地、學習形式、學習時間，就很難讓人正經八百的學習，效率自然也就不敢恭維了。家庭主夫身處的場地是家庭、學習形式是不拘的、學習時間是零碎的，效率要高談何容易，而偏低的效率又容易導致氣餒與一暴十寒。

沒有明確的學習目的，沒有共同學習的伙伴，沒有指導的老師，家庭主夫的學習，可以說是沒事找事幹，自己找罪受，自己與自己過不去。

家庭主夫的學習，就是在挑戰意志力，而意志力是建築在求知慾上的。如果在成爲家庭主夫之前，就擁有旺盛的求知慾與不低的知識基礎，成爲家庭主夫之後，只要有堅定的意志，要繼續學習就不難。

如果在成爲家庭主夫之前，早已停止了學習，又缺乏求知慾，問題就難辨了。那就只有退而求其次，不學習知識轉而學習一些技術，好比燒菜、品茶、種花、太極、上網，總之沒魚蝦也好，千萬要讓自己有一點長進。

與嗜好結合的學習

知之者不如好知者，好知者不如樂之者。不論學習技術或知識，都最好能與嗜好結合。如此，不但能增加學習的興趣，也能提昇嗜好的品味。

例如嗜好是看小說，則不妨讀小說史或是比較文學；嗜好是聽古典音樂，則不妨讀作曲家傳記，古典音樂史，古典樂派介紹。如此，未來再看小說，體會能多一點；再聽古典音樂，感受能深一點。嗜好是燒菜，除了讀食譜，還可以讀藥膳的書，營養學的書，如此再燒出來的菜，就不光是美味可口，而且還能吃出健康。

家庭主夫的學習，不需要頭懸樑、錐刺股，只要能結合嗜好、興趣，持之以恆，就算只達到提昇嗜好與興趣的品味、層次、格調，都算是成功的學習，都算是有長進。

工欲善其事，必先利其器。不論未來能否眞的學習到什麼，先搞出排場來。就連菲傭都會有自己的空間，習慣於犧牲自己照亮家人的家庭主夫，一定要佔領家中小小的一角，爲自己弄張書桌，弄個小書架，弄台電腦。

如果一時沒書充場面，書架上可以擺之前提到的家庭檔案。不要將就用餐桌，也不要用子女的書桌，那樣太不專業了。有恆產者才會有恆心，有專屬書桌的人，才可能定下心來讀書。

二：不能沒有私生活

身爲家庭主夫，必須要具備對家庭無私奉獻的精神，私房錢可以沒有，但絕對不可以沒有自己的私生活。

家庭主夫可以是全年無休的 7-11，但至少每週要有一次半天的外出假。外出假不是用來買菜或是繳電話費的，外出假一定要與家務毫無關係，完全是屬於家庭主夫個人的私生活，否則就只是外出，不是外出假了。

外出假對於家庭主夫的重要性，就像當兵的休假，犯人的放風。阿兵哥的休假被不合理剝奪，就很容易導致逃兵；犯人的放風被取消，就可能發生鬧房；家庭主夫如果沒有外出假，就會心靈枯萎、精神崩潰。

對家庭主夫來說，外出假是休息、是空間的轉換、是充電、是學習，更是對社會脈動的觀察機會。

精神食糧大採購

我的外出假通常是如此安排的，選個太太上班、小孩上課的上午，逛書店或是唱片行。家庭主夫可以不買西裝、領帶，但是一定要買書買CD。書與CD能夠使你一成不變的家居生活，帶來新的知識與旋律。當家中不斷出現新知識與旋律，其功能就像不時油漆、粉刷、裝潢、增加新傢俱、更動傢俱位置一樣，讓你的心情永遠有新鮮感，讓你的家人永遠感覺家中吹動著清新的空氣。

市立美術館、歷史博物館、故宮博物院，也是我外出假的經常選擇。這些展覽場都會經常性的推出新的展覽，不愁沒有新鮮感。就算不爲看展覽，到故宮頂樓的「三希堂」喝杯茶，看看四周的山景，聽聽堂內國樂與黃鶯鳴唱，也是賞心樂事。

當然我的私生活也有物質化的一面，而且與家務有點兒關係。我會大公無私的利用外出假逛迪化街採購，因爲我太愛迪化街了。由靠塔城街的街頭走到過民生西路的街尾，走過布店、中藥店、南北貨店、茶行、棺材店，就好像走過人生，吃飯、穿衣、生老病死。品味老街特有的氣氛，是絕佳的享受，我不能厚顏無恥的說這不是外出假。

街面觀察員

我也會不爲買東西而逛街，目的只在於觀察街面上多了那些店，少了那些店。像是大哥大的店多了，葡式蛋撻的店少了。也會去看看現在流行什麼商品，凱蒂貓或是皮卡丘。或者看看捷運通車對街面店舖

的影響，看看不同商圈的繁榮消長。街面觀察可以讓自己跟得上社會，知道社會的變遷與人們的需求喜好的變遷。這在消極上，可使自己不至於與社會脫節，積極上也在為有朝一日重返社會作準備。

如果時間許可，喝杯咖啡或是吃個中飯、買點熟食再回家。這是很有必要的。據說男性廚師回到家，都是吃太太煮的飯，雖然太太燒的沒有自己專業美味。既然廚師都需要罷工，家庭主夫也是「煮夫」的你，更有必要偶而吃吃不是自己煮的東西。「外食」不等於「野食」，吃吃無妨。

懷舊老店解饞蟲

論起吃中飯，我有幾個很固定（我固定隔一兩個月去一次，它也固定開著，雙方對彼此都很忠實，這是多麼高貴難得的情操）的，適合一個人吃的小館。其實每個人都應該有這樣的小館，它給你安全、熟悉、懷舊、溫暖、滄桑的感覺。

像武昌街的「排骨大王」的排骨麵，我吃了至少三十五年，店面沒變、味道沒變，只有價格變了。童年時社會整體物資不充裕，能吃上排骨麵，眞是盛事一件，樂趣不亞於現在品嚐一支古巴雪茄。

中華路長沙街口的韭菜水煎包蘸辣椒醬（就像夜市賣臭豆腐給的廉價的辣椒醬，可能含有色素、味精、防腐劑，但它和油熱熱的發麵的水煎包，眞是最佳拍檔，換成XO醬，就風味盡失了）配綠豆稀飯，是一種較粗曠的飲食感覺。

大口咬水煎包，大口喝稀飯，頗像綠林好漢大塊吃肉，大碗喝酒。夏天中午，四個水煎包，配兩碗綠豆稀飯，吃的汗流狹背（小店冷氣不夠強），嘴角發麻（被廉價辣椒醬辣的），真是痛快淋漓。

在羅斯福路、南昌街口，有一家「南京李嘉興板鴨號」，除了板鴨外，還名不符實的賣著我所吃過最好吃的滷菜，不僅是我，我父母我孩子一家家三代都愛吃，不用說這也是家老店，多少年了我不知道，只知道掌刀的大徒弟已經幹了四十年。

雖然這家店如此的堅守崗位，但它的貨色也愈來愈不齊全了，問題是出在它的衛星工廠。先是鴨腸的供應老太太駕返瑤池，於是事前清洗極費功夫的滷水鴨腸就停售了。接著是供應蘭花豆腐乾的老兵回大陸探親二去不回（第二次回去就不回來了，有別於第一次回去就不回來的一去不回），據說是娶了大陸妹，於是滷蘭花豆腐乾也消失了。

我之所以不厭其煩的自暴嗜吃貪喝的己短，無非是要強調，家庭主夫的私生活中，應該有一些無害的、無關風花雪月的健康情懷。這種情懷，可以和家人分享，也可以不和家人分享。

三：隨時準備再度就業

在我們的社會裡，像我這種專業的家庭主夫肯定爲數不多。婚前沒有工作經驗而一結婚就直接由禮堂進入廚房成爲家庭主夫的，更應該是絕無僅有。所以，雖然今天我們是家庭主夫，但我們都曾經在社會上就業，甚至有過不差的工作表現。以往的工作經驗，是未來再度就業的資歷，也是安分守已當爲家庭主夫的最大障礙。

我曾經多次在居家無聊、做家事厭煩時，或是夫妻發生口角、孩子不服管教時，不由自主的「緬懷」起過去自己上班的日子。人總是幹一行怨一行的，這種緬懷的念頭，雖然是極其自然，卻也是要不得的。

做爲家庭主夫，以往的工作經驗，應該要能化做科學持家的基礎知識，應該要能化做與職場、社會不脫節的工具，甚至是未來再度就業的本錢，而不是扮演好目前角色的障礙。

大丈夫要能伸能縮，大賤夫也要能退能進，能主內也能主外。在家吃閒飯的舒服日子，多過一天是多賺到一天，沒準那一天就要重操舊業。

鐵飯碗已經不存在了

上班族可能會被裁員，民進黨可能會在野（國民黨則已經在野了），台灣可能被統一，地球可能被外星人占領，我們的社會已經找不到鐵飯碗了。包括家庭主夫、主婦在內，都要有隨時換跑道的心理準備。不論你我有多愛家庭主夫這份工作，你我的家人對你我的工作表現又是多麼的肯定，你我還是要有隨時需要再度就業的心理準備。

許多家庭主婦在子女長大後，會興起離婚（這個問題本書就不探討了，不過這的確是一個問題），或是再度就業的念頭。但是長久的與社會脫節，以往的工作資歷，已不符目前就業市場的需求，高必然不成；勉強的低就又不符經濟效益。如此盤算再三，結果是高不成低不就，還是選擇了委屈的留在家裡。這樣的尷尬，想要再度就業的家庭主夫也同樣會面對。

分辨出變與不變

沒有人能否認整體社會的變化是迅速的，不要說家庭主婦或是主夫，就是上班族也很容易跟不上這種變化，出現中年轉業危機。但是我們還是可以由變化中，找到不少的不變之處，不要說人對衣食住行育樂的需求沒變，商業的廣告、行銷原理也沒有太大的變化。

因爲科技的日新月異，並沒有造成人性的改變。比較具體的改變，應該是資訊處理與傳遞方式的改變，電腦、網際網路、E-mail，取代文書、信件與傳眞，以及因資訊業興起所帶來的各種新興行業。所以，再度就業的障礙，並非來自對於工作內容的不熟悉，而是來自對於工作工具的不熟悉。

好比說，電腦的使用普及前後，銀行的業務範圍變化並不大，行員一樣在做記帳的工作，差別在於之前是用紙筆，之後是用電腦。以前的DM只能用郵寄或是夾報來傳送，現在可以用傳眞、網路，但能否引起消費者的購買，還是要靠商品本身的競爭力，與廣告的內容是否夠吸引人。垃圾郵件會被丟進垃圾桶，垃圾E-MAIL也一樣會被刪除。

與職場工作工具同步

要消除再度就業的障礙，首先要永遠跟得上就業所需的工作工具，電腦的中、英文輸入法必需要熟練，當職場上已經全面使用Window98、office2000時，雖然你是家庭主夫，你也必需要去學習。上網DOWNLOAD、發E-mail，更是必備的技術。當你熟悉這些工作工具的操作之後，再度就業其實難不了你。

要檢驗自己是否夠格再度就業，其實有最簡單的方法。如果你是一個優秀的、稱職的家庭主夫，你身體健康、儀容整潔、談吐幽默、有主動學習精神與能力、做事勤快積極有效率又仔細、任勞又任怨，你一定夠格再度就業。如果你本身當家庭主夫都有問題，自己當的不開心、家人怨聲載道，再度就業自然門都沒有。

四：盯緊外面世界的變化

不論是否爲了要再度就業，家庭主夫都應該要隨時盯緊外面世界的變化。這本來就是秀才不出門，能知天下事的時代，只看自己夠不夠積極主動。

有系統、有組織的掌握資訊

盯緊外面世界的變化，可以分爲三方面。第一是社會國家與世界的變化，包括政治、金融、經濟、科技、文化、流行各領域。這些資訊可以由報紙、電視、雜誌、網路取得。試著做一些剪報或是筆記，如此零星的資訊才能轉化爲自己的有系統、有組織的資訊。

吸收這些資訊的目的，不僅在於跟上外界變化的腳步，而且在於幫助自己了解現在，推測未來，做出正確的投資理財判斷，評估如果要再度就業是否該改行、改到那一行，以及自己該學習什麼。

抓緊你的老本行

第二應該是自己以往就業的領域。如果未來要再度就業，回到自己的老本行，就算有點不駕輕就熟，起碼恐懼感也小一點。所以對於以往就業領域的事或人，都要隨時注意。

與老同事保持連絡是絕對必要的，他們不但可以提供你老本行的變化消息，當你要重出江湖時還要靠他們提攜。當你發現老本行中出現新的工作工具或是工作內容，已超出你以往工作所學所知時，請在家儘可能的補充，當然不可能百分之百，但請盡力。

今日的盡力爲的是明日的省力。

不要放棄新可能

第三，該注意的是自己感興趣又有前途或是錢途的行業，了解要從事這個行業需要具備些什麼。專業雜誌或是上網查詢，都會讓你對這個行業有較深入的了解，了解之後才能確定自己假設性的決定是不是正確或是該調整。確定之後，當然該著手學習一些進入這行業需要具備的基礎知識或是技術。

最後要提醒家庭主夫，你的本職是家庭主夫，請先固本，把家事做好，家人照料好。盯緊外面世界的變化固然重要，但必須在行有餘力之後。

五：強筋賤骨

身爲賤夫，必須要有一副賤骨頭，才能勝任賤夫分內的工作。家事雖然不需要藍波、阿諾的肌肉才能對付，但練就一身強筋賤骨，是不可少的。

我生性好逸卻不惡勞，做起家事更是勤快。每天在家裡忙進忙出做這做那的，心想運動量該不少吧。但隨著年齡日漸其大，做家事卻愈來愈有力不從心的感覺。大學時，背著五十公斤一包的水泥上五樓，都臉不紅氣不喘。現在幫太太提二十五公斤的回國行李上四樓，腰就快閃了。

談戀愛時，在女生宿舍門口等現在的太太，一蹲就是一個小時，腿不麻、腰不酸。我現在的太太都笑我上輩子一定是像「駱駝祥子」那樣的北京城黃包車伕，蹲在地上等客人蹲慣了，練就一身「蹲功」。可現在蹲在地上幫孩子分類

「樂高」，不到一小時想站就站不起來了，勉強站起來也站不直腰。這副未老先衰的德性，實在讓我這個賤夫大吃一驚。

運動不足 勞動過多

經過一位復健科的醫生朋友詳細檢查，他給了我八個字的評語「運動不足，勞動過多」。在我的觀念裡，身爲賤夫，賤命一條，合該勞動，運動是有錢有閒階級的專利，與賤夫無緣，賤夫也不屑爲之。殊不知此觀念大錯。

我的醫生朋友這麼說：「要運動才能增加勞動所需要的肌肉，不運動，現有的肌肉就會逐漸減少，肌肉減少就不足以應付勞動所需，就會造成勞動傷害。」如此說來，我做家事容易扭到、閃到，就是肌肉不夠了。換言之，我的肌肉已經不足以支撐一位合格、稱職的家庭主夫，這一身賤骨頭已經不足以支撐一名賤夫。

肌肉不夠 不配當賤夫

這個說法對我這麼一個尊貴、高傲的家庭主夫來說，眞是晴天霹靂。看來我必須要運動，否則就不配再當專業的家庭主夫了。

我發現以往我的自愛，是有缺陷的。我會要求自己開開心心，會滿足自己的嗜吃貪喝，會滿足自己的文字飢渴症（一種非得常看到字不可的病，不論什麼字、書、雜誌、報紙、廣告單、選舉文宣統統可以），但對自己的身體則要求不高、照顧不多。

不像我一個朋友，每天早睡早起，每週五晚上打羽毛球的習慣是十數年如一日。最近上班較爲忙碌，他擔心體力不夠，於是每天改開車爲騎自行車上下班，藉以增加運動量。別人工作忙碌則增加休息，他工作忙碌則增加運動，眞是匪夷所思。

他年近半百，卻身材健美如二十幾歲的小夥子，三角肩，腹肌八塊，一塊不少，可見功不唐捐。不像我，身材賤而不美。這位朋友的健美，雖然讓他太太提心吊膽視爲走私預備犯，但起碼身體練好了，得便宜的還是自己。我太太也沒有因爲我身材不好，就視爲缺乏犯罪基因。

衡量利弊得失，我痛下決心開始運動。爲求穩健，我運動量的增加速度，和國民黨的改造速度一樣持平。先每天快走半小時，三個月後，再調整爲每天慢跑半小時。伏地挺身與仰臥起坐則是由一天十下開始，每二天增加一下，前者到三十下則不再增加，後者到六十下爲止。

運動之後，效果慢慢顯現，手臂的肌肉雖沒有如武俠小說寫的「一使勁，手臂裡就好像有一窩老鼠在亂竄」那麼噁心，但身材卻由啤酒瓶變成可樂瓶（是玻璃瓶，非保特瓶），做家事也不再腰酸腿疼的。身體不再嬌貴，才配得上賤夫這個「賤」字。

賤夫，不但要好用，而且要耐用。勤快只構造好用，常運動，練就強筋賤骨，才能耐用。

陸

家庭主夫附加價值篇

一：自我實現做木工

性別的差異必然會導致專長的不同，這不是性別歧視，而是性別分工。家庭主夫既然與家庭主婦性別不同，必然會擁有與家庭主婦不同的專長，就應該運用這些專長，爲家庭提供不同於家庭主婦所能提供的貢獻。

看起來我這個家庭主夫好像是十項全能，樣樣家事都拿手，其實不然，我對針線活就很不靈光，當兵時扣子掉了都是請睡隔壁的弟兄幫我補，補一粒扣子的代價是一支長壽煙，公平合理，但因此我也就缺乏學習針線活的誘因。當了家庭主夫，我依然不學針線活，原因有二：一是人不宜十全十美，以免遭天妒；二是總要讓我太太有參與那麼一點兒家事的機會吧，否則那算一家人？

訂做便宜過現成

和家庭主婦不同，我這個主夫會做木工，也愛作木工。家裡總會有一些雞零狗碎的空間，是現成的傢俱所無法塡補的，這就要靠我這巧手木工。家庭主夫的「工」是不要錢（起碼很多人都這麼認爲），只要「料」的錢，如此自己做的木工成品，價格一定比現成的低廉，只要預期外觀不會比現成的難看，就值得自己做。往後還可以跟外人誇耀說：「這玩意兒是訂做的呢」。

我由讀大學開始，就喜歡做木工，林林總總的成品自然不少，其中兩樣最令我津津樂道。一是爲當時的女友，現在的太太做書架，二是爲孩子做小木屋。

我的想法有很不實際的一面，也有很實際的一面。我從未送過女孩子花，眞花易謝，假花不是花。送女朋友自己做的書架，豈不是禮重情義重。我當時很瘦，看起來有點體弱多病，女朋友和她的父母看我能做書架，還能搬上二樓（還好不是四樓），對我的身體才有點信心。

爲孩子做小木屋，可以說是完成了自己童年的夢想。小孩子都喜歡在窄小的空間內玩，像蚊帳、床單和椅子搭的帳蓬、裝電視的紙箱，都是小孩子發揮想像力的樂園。我婚後住在頂樓加蓋的新房，那時台北市頂樓加蓋正好一度合法。我們沒把房子蓋滿，還留了十幾坪的院子。我就在院子裡爲兒子蓋了體積八立方公尺，比發財車的貨廂大一點的小木屋，門窗齊全，裡頭還有架子放東西，活動桌子可以畫畫。

渾身驕傲的爸爸

完工當晚，四歲的孩子就吵著要在小木屋裡頭過夜，我和太太花了好大功夫才把他哄回屋裡的床上，而他的玩具則已經佔領了小木屋。往後每次我孩子找同學來小木屋玩，我這個做爸爸的就渾身都是驕傲。而這個小木屋連油漆才花了我三天時間，與七千多元的材料費（不含運費），換得我孩子四年多的快樂時光。

阿Q式的自我實現

其實我愛做木工，還有另一層深意。人長大了，能隨心所欲的事就不多了。上班要聽上司指揮，當主夫要以客戶（太太、孩子）爲導向，唯獨做木工一項，沒人能夠置一詞。好比做書架，我要做四層就沒人能命令我做五層。外人當然管不著我家書架的層數，太太如果有意見，我只要推說材料不夠、承重有問題、技術不可行任何理由之一，都可以封她的口，反正她對木工外行。

我不知道社會上能自我實現的人究竟多不多，但起碼透過做木工，我很阿Q的完成了自我實現。

二：修繕DIY

台灣也慢慢步上美國的後塵，家庭修繕的工資愈來愈貴，而且工人還愈來愈大牌，小事請不來，能換絕不修。家庭主夫學點家庭修繕DIY的基本知識，可是省錢、省事、不求人一舉三得的事。

省錢、省事、不求人

家庭修繕的工作包羅萬項，其中需要的技術層次，也有高下之分。身爲家庭主夫，不可能一一學會所有的修繕項目，都學會了人都老了，也別想大小通吃，什麼事都自己做了，專業人士靠什麼吃飯呢。還有一點，修繕需要工具，不同的修繕項目需要不同的工具，不常用的工具都齊備了，一則浪費錢，二則客廳在變成工場之前就已經變成倉庫了。

像油漆這類工作，家庭主夫沒有理由不自己動手；修電視這種事就免了，就算你是學電機的，會修，取不到原廠零件，還是白搭。

我很喜歡油漆粉刷家裡，因爲這工作看起來技術層次不高，不用花大錢就可以改變家裡的視覺效果，而材料錢不到工錢的五分之一（不僅油漆，還包括刷子、滾筒、砂紙、膠帶，不包括梯子）。

花錢、花心思，提昇居家品質

沒當家庭主夫之前，我對家裡的美觀、整潔、氣氛，就蠻重視的，當了家庭主夫之後，對於家裡感覺的要求，就更高了，只差沒有潔癖。我不太能理解，爲什麼許多人出門能打扮的光鮮亮麗，家裡卻是髒亂不堪？手上戴著「紅蟳」，家裡看起來像貧民區。

家是人待的時間最多的地方，它提供你的服務是最大的，應該要花錢、花心思，把它弄得像樣一點。

房子換大一點、建材高級一點、地段精華一點的，是人人的夢想，能實現的並不多。但一、兩年油漆、粉刷一次，三、五年換一次燈具，隨家人成長更換傢俱，還是十分可行又必要的。像油漆、粉刷自己來，燈具自己換，省下的工錢買傢俱都差不多了。油漆、燈具、傢俱的更換了，房子也就煥然一新，感覺完全不同了。

基本的水電工，也可以試著自己來。事先找本書看看，有點概念，才不會觸電。像水龍頭漏水、水管阻塞、日光燈閃動之類的問題，家裡經常發生，如果自己不會處理，樣樣要靠工人，那這個家庭主夫當的也太差勁了。

一支電鑽妙用無窮

最後，以我多年家庭修繕工作的經驗提供建議，除了手工具之外，家庭主夫最需要的電動工具，首推電鑽，別的電動工具都不及它來得最常被用到。

電鑽可以鑽孔，更換不同的鑽頭，鑽木板、鐵板、混凝土都不成問題，要釘釘子前先鑽孔，木板才不會裂，混凝土也才容易釘進去。換上不同接頭，電鑽還可以用來鎖緊不同規格的螺絲釘、卸下螺絲釘及螺絲帽，用來拆裝組合傢俱，非常管用。換上另一種接頭，電鑽還可以用來爲打好蠟的汽車拋光，總而言之用處多多。

如果要買電鑽，我建議買充電式而非插電式的，因爲室內、室外都能使用不受場地限制，使用時也不用找插座，或是另接延長線，方便極了。充電式的電鑽必須要選擇九伏特電壓以上的，否則不夠力，這是經驗之談。

三：汽車保養自己來

不是我這個家庭主夫妄想包山包海，什麼錢都省，連汽車這種精密的東西都敢自己弄，難道不怕弄的不好危及安全？其實正因爲汽車精密，所以才更該多少懂一點。多少懂一點絕對比不懂安全。

定期檢查　防患未然

我所操作的汽車保養工作，其實也很粗淺。洗車、打蠟、清潔內部自然不在話下。定期查看電瓶液、機油、動力方向機油、煞車油、冷卻液、洗窗液、輪胎壓力、胎紋等檢查項目，都是按照原廠說明書的指示，是所有車主都應該自己做的事，說明書上又都有圖文解說，實際操作毫無困難。該做的檢查都做了，才能防患於未然。

我也依說明書指示，定期將前後輪交叉對調，讓前後輪胎內外側平均磨擦。這項工作只要使用千斤頂和備胎就可完成，也順便一併檢查了備胎的胎壓。換輪胎的動作一定要會，否則萬一半路輪胎爆了，沒辦法自己換上備胎，又在荒山野地，前不著村後不著店，豈不是叫天不應叫地不靈。就算有信用卡送的免費道路救援服務，這種換上備胎就了事的，還要找人救援，多丟臉。

自己動手　選料上乘

另一項我自己動手的保養項目，是定期更換機油與機油濾清器。這個動作對引擎的壽命與狀況影響非常大，而引擎就等於汽車的心臟。機油與機油濾清器需要每半年或每行駛五千公里（視兩者何者先到），一起更換，以避免雜質磨損引擎內壁。

自行更換的技術簡單，工具只需扳手一支，外帶塑膠漏斗及承接廢機油的塑膠盆，購買機油與濾清器的費用，絕對是汽車休養廠收費的一半以下。自行更換，已節省了工錢，機油就不妨買貴一點的，一分錢一分貨，肥水不落外人田，受益的還是你的愛車。

至於說明書上定期保養表的其他項目，我就不敢自己動手了，乖乖的去保養廠，該給人賺的還是要給人賺。

我如果有錢到在台北市擁有自己的室內停車位，不要說買的，就算是租的，我就不會計較洗車、保養這種小錢了。沒有室內停車位要在何處做這些保養工作，在台北市能找的到合適的地方嗎？在路邊還是高架橋底下，多沒氣質（沒有空氣品質），簡直是要錢不要命。

郊外洗車　怡情養性

除了木柵觀光茶園我經常光顧買茶葉的那家，既免費提供山泉供洗車，又有場地供我進行保養工作外，台北市近郊山間還有幾處，路邊都有山泉水可洗車，附近亦有交通不繁忙的路邊可供打蠟、保養，如外雙溪故宮博物院對面的山上、天母往陽明山的路上、深坑山區。在郊外洗車、保養，既賞心悅目，又運動一番，還省了錢，一舉三得。

最後要澄清一點，我家只有一輛車，我如此照看的車是我太太上下班用的，我是家庭主夫那裡需要車。沒有必要一家養兩部車，既不經濟也製造公害，大可不必。

四：孩子學校做義工

我不是怕得罪人的人，只要自己佔得住理。上司可以得罪，因爲工作可以換；朋友可以得罪，因爲全台灣有二千三百萬人，我不見得非與他交朋友不可。總而言之，天下至廣，非一人所能獨治，沒有得罪了誰，就活不下去的道理。唯獨對於孩子的老師，我是絕不敢得罪，不僅不敢得罪，而且還恭謹有加，百般逢迎。

這並不是因爲什麼「師與天地君親並列。」，「師者，所以傳道、授業、解惑。」，所以不敢得罪，而且另有現實的原因。

自己得罪了人，受罪的是自己，敢作又敢當，無何不可。得罪了孩子的老師，受罪的不是自己而是孩子，這就期期以爲不可了。

天大地大，大不過孩子的老師

記得我出席孩子小學一年級的第一次家長會（記得我唸小學時，家長會不叫家長會，而是擺明了叫男性止步的「母姊會」，還好現在改名了）時，眾家長（其他家長全爲孩子同學的母親，僅我一位是孩子的父親，我總覺得這些媽媽們看我的眼神怪怪的，好像認定我是離婚的單親爸爸）爭相發表對老師的教學意見。

有的問老師對體罰的看法（還不是直接反對體罰，而是詢問式的引蛇出洞，可見其用心不善），有的問注音符號還教不教（全班只有兩位沒學過，其他的在幼稚園就學過了），有的要求老師指定國語參考書，有的問家庭作業每天大概有多少，問題林林總總不一而足。

我當下心裡想，你們這些家長實在沒大沒小，初見面就意見一堆。你是老師還是他是老師？你懂教育還是他懂教育？是他的孩子落在你的手裡還是你他的孩子落在他的手裡？不過我也有點感謝這些媽媽們的魯莽，否則又怎麼能顯出我的善體人意呢。

只問家長能爲老師做些什麼

我待其他家長大鳴大放告一段落，舉手要求發言說：「不知道老師有什麼需要我們家長配合、支援的地方，我還蠻喜歡油漆的，是不是我們一些家長，找個假日，把教室油漆一遍，材料錢我們想辦法，能讓老師和學生有間漂亮的教室上課，不是很好嗎？」。

我話還沒說完，老師就報以感激的笑容。待說完了，總算有點慧根的家長會過意來，前倨後恭的發言，有的說她家有梯子，有的說她家先生也可以幫忙油漆，還有的說願意出錢修理教室後方置物櫃的門。雖然見風轉舵的人不少，但我可以確定老師已對我另眼看待，而且必將愛烏及屋的善待（善待即可，不用優待）我孩子。

三星期之後，除了教室油漆好的，置物櫃的門修好了，還有家長送來給孩子們掛外套的衣架，老師桌上也有家長奉獻了盆栽（與善男信女所奉獻的廟裡的柱子不同，花盆上沒刻奉獻者的名字，但也一樣受用。誠不一定靈，誠又花錢就可能比較靈）。教室感覺好多了，簡直像推翻滿清，建立民國，師生同受其惠，而我就是辛亥革命打響第一槍的熊秉坤。

其實我並不是生性狗腿，或是慣於逢迎。只是我了解國民小學老師的心態與苦衷，因爲我家隔壁鄰居太太就是國小老師。我的鄰居告訴我，小學老師喜歡的學生有兩種，一種是乖的，一種是功課好的。老師討厭的家長只有一種，就是意見多的。對付意見多的家長的小孩，老師只有一個辦法，就是不單獨打罵也不單獨指導，總之就是不理不睬，放牛吃草不論吃多吃少。

我孩子功課中等，行爲不壞但絕對不是乖的，所以我別無選擇的非當老師喜歡的家長不可。

我的鄰居還告訴我，學校給每班的行政費非常少，買掃把、垃圾袋就差不多了，想要爲學生影印模擬考卷都沒錢。每個學生家庭情況不一樣，老師不便要求每個學生都交班費，老師自己經手錢又怕惹來閒言閒語，所以不靠家長的自動自發，很多事根本辦不了。國小老師又幾乎清一色的都是女性，登梯子爬高油漆的事也沒辦法自己來。就連安排協調，由家長擔任的上下學路口交通導護，有時還得拜託家長。

拋磚引玉　嘉惠孩子

我認爲與其要求老師要老師做力有未怠的事，不如要求家長，而我就樂於拋磚引玉，造福嘉惠的也是自己的孩子。於是凡是要排班當交通導護，我總是等請老師等別的家長先選好時段，我再來塡空，反正自己是家庭主夫，時間好調配。

孩子學校的義工當久了，和孩子的同學自然也都混熟了，小學生又是最愛告狀的年紀，我孩子在學校幹了什麼不得體的事，絕對有人告訴我。儘管他們告狀的內容都是些雞毛蒜皮、芝麻綠豆，我聽了大都一笑置之，但是如此能多了解一點孩子不在自己眼下時是什麼德性，也有助於我正確行使父權。

柒

家庭主夫守則

一：是歸人不是過客

要當一位快樂的家庭主夫，絕對不是一件容易的事，遠比當上班族在競爭劇烈的職場中衝鋒陷陣要困難。困難之處並不在於永無止盡的家務，而是在於所扮演角色的混淆。

先生、爸爸、男傭一身兼

在當家庭主夫之前，在外，我是一個上班族，在家，我是一個先生兼爸爸。內外扮演的角色都十分明確。當了家庭主夫之後，當然的喪失了上班族的角色，但是先生兼爸爸的角色卻混淆了，因為對太太與子女來說，我已經不僅只是先生或爸爸，而且還是男傭，雖然我並沒有領到過男傭的薪水。

由於要料理所有的家務，所以在表像上我與一般的男傭毫無二致。但是所不同的是，正常情況下，男傭和女主人是沒有愛情的，男傭也不會和女主人上床，男傭也沒有資格與女主人共同討論家庭的經濟問題，子女的教育問題，或是女主人的花錢方式，當然更沒有資格與女主人發生爭執。

在正常情況下，男傭只需要照顧家中孩子的飲食起居，外加接送，負極有限的教育或是管束家中孩子的責任。男傭和家中的孩子沒有親情。

家庭主夫則不然，除了要料理所有家務之外，還需要百分之百的扮演先生與爸爸的角色。男傭的角色會因為家庭主夫的再度就業或是太太的退休而結束，但只要家庭關係存在，先生與爸爸的角色卻是不會結束的。

顯而易見的，家庭主夫與男傭是完全不同的角色扮演，男傭只是過客，家庭主夫卻是歸人。

角色的矛盾

做爲男傭，我應該打理好家中孩子的一切；做爲爸爸，我卻應該依孩子的年齡，要求孩子自理部份的生活起居，分擔部份的家務。

做爲男傭，最好一切的家務都在自己的控制之下，自己決定時間、流程，也由自己操作。做爲爸爸，卻必須將該由孩子負責的部份家務，留給孩子做，自己必須有耐心的指導孩子、要求孩子、協助孩子，孩子做不好的，再私下爲孩子收尾或是重做。

做爲男傭，應該儘量唯家中孩子之命是從，因爲孩子是你的小主人，是你的客戶之一，客戶的滿意就是你的快樂。做爲爸爸，雖然不需要要求孩子百分之百唯你命是從，但是絕對不可以唯孩子命是從，不僅如此，你還必須報導孩子守紀律、負責任、盡義務。

做爲男傭，只要依主人的命令行事，不用也不能抗命。做爲先生卻必須要勸諫太太的不良行爲，像出門前試穿的衣服丟的一床都是、使用不同的皮包時不會將前一個皮包裡的所有東西清出來、情緒性的購物、補償性的寵小孩。

做爲男傭，我常認爲，只要能讓太太與孩子這些客戶滿意，我手腳勤快動作俐落，多做一點家事有什麼關係。做爲先生與爸爸，我卻必須要告訴自己，問題不是自己多做或少做家事那麼單純，而是關係到自己與太太、孩子一輩子的

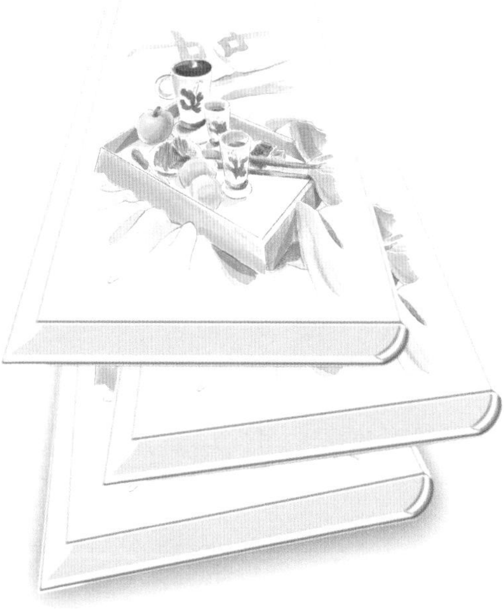

事，夫妻相處的模式，與孩子人格的養成，都是一點一滴形成的，完全輕忽不得。

角色的轉換

除了男傭所必須的從事的料理家務之外，家庭主夫還必須是先生與爸爸。如此兩種不同角色的調換，往往在瞬息之間。

好比說，前一秒鐘還在洗碗，下一秒鐘太太就在抱怨小孩功課不佳，全是我平常不用心督導。身分馬上由家庭主夫變成爸爸。或是太太來電話說不回家吃晚飯，接下來一句是「我愛你」，我的思想就要立刻由多煮好的一份飯菜要如何處理，馬上拉回來回她一句「我也愛你」。或是當全家一起看電視時，太太突然要我削水果，我就要立刻將身分由先生、爸爸變成家庭主夫。

這些不大不小的問題，也一樣發生在所有的家庭主婦身上，只是大家已經習以爲常，根本沒有發現問題的存在，而當我自己當上家庭主夫之後，卻發現角色扮演的矛盾與轉換中，包含了人際關係的微妙變化。當我們在被別人要求成是三頭六臂、千變萬化時，自己是不是也對別人有著多元的期待，甚或是矛盾的需求呢？

二：家庭主夫守則

要當一位快樂的家庭主夫，一些基本的原則是必須要遵守的。只有當你能心悅臣服的接受這些原則，並且奉行不渝時，你才是稱職又快樂的家庭主夫。

全年無休

男傭適用勞基法，但是家庭主夫不適用。一年三百六十五天，一天二十四小時，除了少數個人外出活動的時間，都是家庭主夫的執勤時間。萬不得已，家庭主夫只有請病假的權利，沒有請事假的權利。如果你休假而家人覺得無關痛癢的話，你的家庭主夫飯碗，就快端不穩了。

虛心接受家人對你工作的要求

從事服務業的人都知道「客戶永遠是對的」，對於家庭主夫來說，你的家人就是你的客戶，他們的滿意就是你飯碗的保障。所以，當家人提出對你工作結果的意見時，要虛心接受，要檢討改進。要求是促進進步的不二法門。同時還要有客戶導向，家人之所欲，要常在我心，而不是藏在我心。燒菜的鹹淡口味要以家人為優先，家庭主夫只是不得不與客人吃同樣菜色的廚師，點菜的權利是客人的，而不是廚師的。

家人在家時，不做私事

當家庭主夫絕不可公私不分。當有家人在家時，就儘量不要做私事，好比說打電話、看電視、看報紙、看書、聽音樂，這些事應該在太太上班、小孩上學後從事。也不要把家事都拖到家人在家時才做，一副深怕家人不知道你做家事有多辛苦的樣子，如此將影響你在家庭主夫之外，先生與爸爸的角色扮演的時間。高明的家庭主夫不需要以拙劣的苦肉計來贏得家人的肯定或是同情。

永遠以家庭主夫爲榮

家庭主夫是天底下最神聖的職業，我有幸從事，就應以此爲榮。家庭主婦則是天底下第二神聖的職業，因爲較家庭主夫來得常見。物以稀爲貴，職業以稀爲神聖。以身爲家庭主夫爲榮，就像以身爲退除役官兵爲榮民是一樣的，不論眞實的福利、待遇、身分、地位如何。

大塊 LOCUS 文化

讀者回函卡

謝謝您購買這本書，爲了加強對您的服務，請您詳細塡寫本卡各欄，寄回大塊出版 (免附回郵) 即可不定期收到本公司最新的出版資訊。

姓名：________________________**身分證字號**：________________________

住址：____

聯絡電話：(O)________________________ (H)________________________

出生日期：______年______月______日　E-mail: ______________________

學歷：1.□高中及高中以下　2.□專科與大學　3.□研究所以上

職業：1.□學生　2.□資訊業　3.□工　4.□商　5.□服務業　6.□軍警公教　7.□自由業及專業　8.□其他________

從何處得知本書：1.□逛書店　2.□報紙廣告　3.□雜誌廣告　4.□新聞報導　5.□親友介紹　6.□公車廣告　7.□廣播節目8.□書訊　9.□廣告信函　10.□其他____________

您購買過我們那些系列的書：

1.□Touch系列　2.□Mark系列　3.□Smile系列　4.□Catch系列
5.□PC Pink系列　6□tomorrow系列　7□sense系列　8□天才班系列

閱讀嗜好：

1.□財經　2.□企管　3.□心理　4.□勵志　5.□社會人文　6.□自然科學
7.□傳記　8.□音樂藝術　9.□文學　10.□保健　11.□漫畫　12.□其他_____

對我們的建議：____

____

____

105　台北市南京東路四段25號11樓

廣　告　回　信
台灣北區郵政管理局登記證
北台字第10227號

大塊文化出版股份有限公司　收

請沿虛線撕下後對折裝訂寄回，謝謝！

地址：□□□ ＿＿＿＿＿市／縣＿＿＿＿＿鄉／鎮／市／區

＿＿＿＿＿路／街＿＿＿段＿＿＿巷＿＿＿弄＿＿＿號＿＿＿樓

姓名：

大塊 LOCUS 文化

編號：SM037　書名：家有賤夫

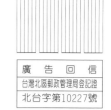

LOCUS

LOCUS